인간 불평등 기원론

세창클래식 009

인간 불평등 기원론

초판 1쇄 인쇄 2021년 1월 26일
초판 1쇄 발행 2021년 2월 3일
—

지은이 장 자크 루소
옮긴이 박아르마
펴낸이 이방원
편   집 정조연·김명희·안효희·송원빈·정우경·최선희·조상희
디자인 손경화·박혜옥·양혜진   **영 업** 최성수
—

펴낸곳 세창출판사
　　　　신고번호 제300-1990-63호   주소 03735 서울시 서대문구 경기대로 88 냉천빌딩 4층
　　　　전화 02-723-8660   팩스 02-720-4579   이메일 edit@sechangpub.co.kr   홈페이지 http://www.sechangpub.co.kr
　　　　블로그 blog.naver.com/scpc1992   페이스북 fb.me/Sechangofficial   인스타그램 @sechang_official
—

ISBN 978-89-8411-421-0   93160

인간 불평등 기원론

장 자크 루소 지음

박아르마 옮김

세창클래식 009

세창출판사

차례

일러두기

1. 이 책은 장 자크 루소Jean-Jacques Rousseau의 『인간 불평등 기원론*Discours sur l'origine et les fondements de l'inégalité parmi les hommes*』, 플레이아드Pléiade 총서 3권을 기반으로 번역했다.
2. 루소의 원주는 미주로 처리하였다.
3. 옮긴이의 주는 각주로 처리하였다.

제네바 공화국에 헌정함

관대하고 훌륭하신, 존경하는 위원님들께.

저는 자신의 조국에 그 조국이 인정할 수 있는 존경을 표하는 것이 오직 덕망 있는 시민의 일이라는 것을 확신했습니다. 그런 제가 위원님들께 공적인 존경을 표할 만한 사람이 되려고 애쓴 지도 30년이 되었습니다. 저로서는 노력을 했지만 할 수 없었던 것을 이런 다행스러운 기회에 일부나마 보완하게 되었으니, 지금은 제게 응당 주어져야 하는 권리를 따르기보다 저를 자극하는 열의를 찾는 것이 좋지 않을까 생각했습니다. 저는 위원님들과 같이 공화국에서 태어난 행운을 얻었으니, 자연이 인간들 사이에 부여한 평등과 그들 스스로가 만들어 낸 불평등에 관해 깊이 생각하면서, 이 나라에서 그 두 가지가 적절하게 결합되어 자연법에 가장 가깝고 사회에 가장 유리한 방식으로 공공질서의 유지와 개인의 행복에 기여하고 있는, 그 심오한 지혜를 어떻게 생각하지 않을 수 있겠습니까? 저는 정부의 조직에 관해 상식이 규정한 최선의 원칙을 연구하면서 그 원칙들 전부가 여러분의 나라에서 실행된 것을 보고 너무나 감동을 받아서, 제가 여러분의 성벽 안에서 태어나지 않았어도 인간 사회에 대한 이 묘사를 모든 국민 중에서 가장 많은 장점을 지니고 있고 악습을 가장 잘 예방했다고 여겨지는 국민에게 바치지 않을 수 없었을 것입니다.

만약 제가 태어날 곳을 선택해야만 했다면 인간의 능력이 미치는 곳, 즉 잘 통치될 수 있는 규모의 사회를 선택했을 것입니다. 그곳에서는 저마다 자신의 일을 맡을 충분한 능력이 있는 까닭에 자신이 맡은 임무를 다른 사람에게 떠넘겨야만 하는 일은 누구에게도 없을 것입니다. 그와 같은 국가에서는 모든 개인이 서로를 잘 알고 있기 때문에 악덕의 음험한 술책도, 미덕의 겸손도 사람들의 시선과 판단을 피할 수 없을 것이며, 서로 만나 서로를 알아 가는 다정한 친교를 통해, 땅에 대한 사랑보다는 시민들에 대한 사랑이 조국에 대한 사랑임을 알게 될 것입니다.

저는 국가 조직의 일체 활동이 오직 공동의 행복만을 지향하도록, 주권자와 국민의 이해관계가 완전히 맞아떨어질 수 있는 나라에서 태어나기를 원했을 것입니다. 그와 같은 일은 국민과 주권자가 같은 인격을 지니지 않는다면 가능할 수 없는 까닭에 저는 분별 있고 절도 있는 민주 정부에서 태어나기를 바랐을 것입니다.

저는 명예로운 속박에서 어느 누구도 벗어날 수 없는 법에 완전히 복종하며 자유롭게 살다가 죽기를 바랐을 것입니다. 이런 유익하고 부드러운 속박은, 다른 속박은 견디지 못하는 가장 자존심이 강한 사람들이라도 순순히 받아들입니다.

따라서 저는 국가에서 어느 누구도 법 위에 있다고 말할 수 없기를, 국가 밖에 있는 사람이 법을 강제하여 국가가 그 법을 인정하도록 만들 수 없기를 바랐을 것입니다. 왜냐하면 정부의 조직이 어떻게 이루어졌든 법에 복종하지 않는 사람이 단 한 명이라도 있으면 다른 모든 사람들은 그 사람의 뜻에 따라야만 하기 때문입니다. ❶ 또한 국내 지도자와 외국 지도자가 있을 때 그들이 어떤 방식으로 권력을 나누어 갖든 국민이 제대로 복종하지 않을 것이며 국가도 제대로 통치되지 않을 것이기 때문입니다.

저는 그 법이 제아무리 훌륭하다고 해도 새로 세워진 공화국에는 전혀 살고 싶지 않았을 것입니다. 당장에 필요로 할지도 모르는 정부 조직과는 다르게 세워진 조직이 새로운 시민들에게 맞지 않거나 혹은 시민들이 새로운 정부에 맞지 않아서 국가가 출범하자마자 위태로워져 무너지기 쉽지 않을지 걱정되기 때문입니다. 영양가 있고 맛있는 음식이나 질 좋은 포도주는 그 음식에 익숙한 강건한 체질을 키우고 튼튼하게 만드는 데는 적합하지만, 그것에 전혀 익숙하지 않은 허약하고 까다로운 체질은 짓누르고 피폐시키며 취하게 만드는 데, 자유도 이와 다를 바 없습니다. 국민들은 일단 지배자에게 익숙해지면 이제는 그가 없이 지낼 수 없습니다. 그들이 속박에서 벗어나려고 하더라도 그만큼 자유에서도 멀어지게 됩니다. 그들은 자유에 반대되는 절제되지 않은 방종을 자유로 생각하기 때문에 그들이 하려는 혁명은 속박을 더욱 억죌 뿐인 선동가들에게 거의 언제나 빠져들 것입니다. 모든 자유로운 국민의 본보기인 로마 국민조차 타르퀴니우스Tarquinius 체제[1]의 억압에서 막 벗어났을 때는 스스로를 전혀 감당하지 못했습니다. 로마 국민들은 그에게 노예 상태와 치욕스러운 노역을 강요당해 비천해진 나머지, 최대한 조심스럽게 다루고 통치해야 하는 어리석은 천민에 불과했습니다. 폭정 속에서 무기력해지고 정확히 말해 바보가 된 이 사람들은 자유의 유익한 공기를 들이마시는 데 점차 익숙해져서, 마침내 세상에서 가장 존경할 만한 국민이 되게 만든 엄격한 풍속과 자랑스러운 용기를 서서히 얻게 된 것입니다. 그래서 저는 행복하고 평온한 공화국을 저의 조국으로 찾았을 것입니다. 그 공화국은 어찌 보면 아득한 옛날로 거슬러 올라갈 정도로 오래되었고, 그곳의 주민들은 용기와 조국에 대한 사랑을 드러내고 굳건하게 하기에 적절한 정도의 공격만을 받았으며, 그곳 시민들은 오래전부터 절도 있는 자유에 익숙해져서 자유로울 뿐 아니라 자유를 누릴 만한 사람들입니다.

저는 다행히 힘이 없어 잔인한 정복욕이 없고, 더욱더 다행스럽게도 위치상 다른 국가에게 정복당할 염려조차 없는 조국을 자신을 위해 선택하고 싶었을 것입니다. 여러 국민 사이에 자리 잡고 있어서 침략이 누구에게도 유리할 것이 없고 다른 국민이 침략하는 것을 막는 것이 유리한 자유 도시, 한마디로 말하자면 이웃 국민의 야심을 조금도 자극하지 않고, 필요한 경우 그들의 도움을 온당하게 기대할 수 있는 공화국 말입니다. 그 공화국은 그토록 다행스러운 위치에 자리 잡고 있어서 자기 자신 말고는 두려운 것이 아무것도 없

---

1   기원전 6세기에 있었던 고대 로마의 왕가이다.

고, 시민들이 군사 훈련을 했다면 이는 그들 자신의 방어의 필요성 보다는 차라리 그들에게 전투적인 열정과, 자유에 잘 부합하고 그 의욕을 고양시키는 당당한 용기를 품게 하기 위함입니다.

저는 모든 시민에게 입법권이 있는 나라를 찾았을 것입니다. 같은 사회에서 함께 살면서 어떤 조건에서 사는 것이 적합한지 그들 말고 누가 더 잘 알 수 있겠습니까? 하지만 저는 로마인들식의 평민 투표 방식에는 동의하지 않았을 것입니다. 그들의 방식에서는 국가 의 지도자들과 국가 유지에 가장 이해관계가 있는 사람들이 국가 안 위가 달린 표결에서 종종 제외되었고, 어처구니없게도 행정관들조 차 평범한 시민들이 누리는 권리가 없었으니 말입니다.

저는 그와 반대로 결국 아테네 사람들을 파멸시킨, 탐욕스럽고 잘못 세워진 계획들과 위험한 개혁을 멈춰 세우려고 어느 누구에게 제멋대로 새로운 법안을 제출하는 권한이 주어지는 것도 원치 않았 을 것입니다. 행정관들만이 그 권리를 가져야 하고 그것마저 대단 히 신중하게 행사해야 합니다. 국민들로서도 그 법에 동의하는 데 매우 신중해야 할 것입니다. 법의 공포도 엄격한 절차에 따라서만 이루어져야 할 것입니다. 국가의 조직이 위태로워지기 전에 국민들 은, 법이 신성하고 존엄한 것은 무엇보다도 그 법이 매우 오래되었 기 때문이며, 국민은 법이 항상 바뀌는 것을 보면 그 법을 곧 무시하 고, 개선을 구실로 오랜 관례를 무시하는 데 익숙해져 사소한 악을 바로잡으려다가 종종 거대 악을 불러일으킨다는 것을 납득할 시간 이 있어야 할 것입니다.

저는 무엇보다도, 국민들이 행정관들 없이도 지낼 수 있다거나 그들에게는 일시적인 권한만 주면 된다고 생각하여 시민 관련 공무의 시행과 그들 자신의 법 집행을 경솔하게 떠맡으려는 공화국은 분명 제대로 통치되지 않을 것이므로 피했을 것입니다. 자연 상태에서 막 벗어난 최초 정부의 투박한 조직이 그랬을 것이며 아테네 공화국을 파멸시킨 악습 중 하나도 그와 같았습니다.

반면에 저는 이런 공화국에 살기를 선택했을 것입니다. 이 공화국에서는, 개인들이 법을 비준하는 것과 지도자들의 보고를 토대로 가장 중요한 공무를 함께 결정하는 것에 만족합니다. 또한 존경받는 법정을 세워 그 권한을 세심하게 나누고, 재판을 하고 국가를 통치하기 위해 동향인들 중 가장 능력 있고 가장 정직한 사람들을 해마다 선출하며, 행정관들의 덕성이 국민의 지혜를 그와 같이 증명하기 때문에 서로가 서로를 존경합니다. 그 결과 혹시라도 국민의 화합이 불행을 초래하는 오해 때문에 흔들린다고 하더라도, 맹목과 오류로 점철된 시대에서도, 절제와 상호 존중, 법에 대한 다수의 존중의 증거가 명백하게 나타날 것입니다. 본심에서 우러나온 변치 않는 화해의 징조와 보증도 마찬가지입니다.

관대하고 훌륭하신, 존경하는 위원님들, 제가 자신을 위해 선택했을 조국에서 찾으려 했을 장점이 바로 그러한 것들입니다. 여기에다가 신의 섭리가 매력적인 입지와 온화한 기후, 비옥한 땅, 하늘 아래 가장 아름다운 풍경까지 더 주셨다면 저는 행복을 누리기 위해 기쁨이 넘치는 조국 안에서 소중한 이 모든 것들을 누리기만을 원했을 것입니다. 동향인들과 교분을 쌓으며 평화롭게 살면서 그들과 마찬가지로 그들에게 인정과 우정, 모든 미덕을 베풀 것이며 죽은 뒤에도 덕이 있고 정직하며 고결한 애국자로서의 명예로운 기억을 남길 것입니다.

그리 행복하지 못했거나 뒤늦게 분별력을 가지게 된 저는 경솔한 청년기 탓에 빼앗긴 안정과 평화를 그리워하면서 다른 나라에서 노쇠하고 무기력한 생애를 마감하고 말았을지라도, 제 나라에서 드러낼 수 없었던 그 감정들을 적어도 마음속으로는 품었을 것입니다. 저는 멀리 있는 동향인들에게 다정하고 사심 없는 애정을 흠뻑 느끼면서 그들에게 마음속 깊은 곳으로부터 이런 말을 전했을 것입니다.

"친애하는 동포 여러분, 아니 형제 여러분, 혈연과 법의 유대 관계가 우리들 대부분을 맺어 주고 있기에 저는 여러분들을 생각하면 여러분들이 누리고 있는 그 모든 소중한 것들을 동시에 생각할 수밖에 없어 흡족해 마지않습니다. 아마도 여러분들 중에서는 그런 소중한 것들을 잃은 저보다 그 가치를 더 잘 의식하는 사람은 아무도 없을 것입니다. 저는 여러분의 정치적·시민적 입장에 대해 깊이 생각해 볼수록 인간 만사의 본성이 이보다 더 나은 상황을 허용할 수 있다고는 더욱 상상할 수 없습니다. 다른 모든 정부에서는 국가의 가장 큰 이익을 확보하는 것이 문제 될 때 매번 관념상의 계획이나 기껏해야 단순한 가능성에 머무는 것이 전부입니다. 여러분들에게는 행복이 이미 이루어져 있으니 그것을 누리기만 하십시오. 여러분은 완전히 행복해지려면 행복하다는 것에 만족할 줄 알기만 하면 됩니다. 여러분의 주권은 무력으로 얻거나 되찾아서 용기와 지혜를 발휘하여 2세기 동안 유지되어 왔고, 마침내 완전하고도 보편적으로 인정되었습니다. 여러분들은 명예로운 조약을 통해 경계선을 정하고 권리를 보장받고, 안정을 공고히 했습니다. 여러분들의 훌륭한 헌법은 최고로 숭고한 이성에 의해 규정되고 존중할 만하고 우애로운 강대국에 의해 보장받습니다. 여러분들의 국가는 평화롭고 여러분들에게는 걱정할 전쟁도 정복자들도 없습니다. 여러분들에게는 자신들이 만들고, 스스로 선택한 청렴한 행정관들이 시행하는 현명한 법 말고는 다른 주인은 전혀 없습니다. 여러분들은 나약함 탓에 무력해지고, 헛된 환락 속에서 참된 행복과 변함없는 미덕에 대한 애착을 잃을 정도로 잘살지 않습니다. 그렇다고 생업으로 얻는 것이 부족하여 외국의 도움을 필요로 할 정도로 가난하지도 않습니다. 또한 큰 나라들에서는 이런 소중한 자유가 과도한 세금으로만 유지되지만 여러분들에게는 그것을 지키는 데 비용이 거의 들지 않습니다.

　시민의 행복을 위하고 여러 국민들의 본보기가 되도록 너무나 분별력 있고 너무나 적절하게 만들어진 공화국이 영원히 계속될 수 있기를! 바로 그것이 여러분들이 빌어야 할 유일한 소원이자 유념해야 할 유일한 임무입니다. 여러분의 조상들이 그런 노력을 할 필요가 없게 만들었으니 이제부터 여러분은 자신들을 행복하게 만들 것이 아니라 그것을 지혜롭게 잘 이용해서 지속하도록 만들기만 하면 됩니다. 여러분의 생존은 지속적인 단합과 법에 대한 복종, 법의 집행자들에 대한 존경심에 달려 있습니다. 여러분들 가운데 아주 사소한 앙심이나 불신의 씨앗이라도 남아 있다면, 머지않아 여러분의 불행과 국가의 파멸을 가져올지도 모르는 불행의 근원으로 여기고 서둘러 그것을 없애 버리기 바랍니다. 저는 여러분 모두가 마음속 깊은 곳으로 들어가 양심의 내밀한 목소리를 들으라고 간청하는 바입니다. 여러분들 중에 여러분의 행정관들보다 더 청렴하고 더 양식이 있고 더 존경할 만한 집단이 이 세상에 있다고 생각하십니까? 구성원들 모두가 절제와 소박한 품행, 법에 대한 존중, 더없이 진정어린 화해의 모범이 되고 있지 않습니까? 그러니까 그런 현명한 지도자들에게는 이성이 미덕에 갚아야 하는 유익한 신뢰를 아낌없이 보내십시오. 그 사람들은 여러분이 선택했고 그들이 선택의 타당성을 증명했으며, 여러분들이 높은 자리에 올려놓은 그분들에게 표해야 하는 명예가 틀림없이 여러분 자신들에게 돌아온다는 사실을 생각하시기 바랍니다. 여러분들 가운데 어느 누구도 법의 효력과 수호자들의 권위가 사라지는 곳에서는 누구에게도 안전과 자유가 있을 수 없다는 사실을 모를 정도로 양식이 없는 사람은 없을 것입니다. 여러분들이 실질적인 이익과 의무, 이성으로써 항상 해야만 하는 일을 진심으로 온당한 신뢰를 지닌 채 하는 것이 무슨 문제가 되겠습니까? 국가의 통치 형태를 유지하는 데 있어 무관심은 비난받아 마땅하고 불행을 초래합니다. 그것 때문에 여러분들 중에 가장 양식이 있고 가장 헌신적인 사람들의 현명한 의견을 필요한 경우 결코 무시하지 않도록 하십시오. 다만 공평무사함과 절제, 가장 존경할 만한 확고부동함으로 여러분들의 모든 행동을 끊임없이 조절하고, 자신들의 자유 못지않게 영광을 소중히 여기는 자긍심 강하고 겸손한 국민의 본보기를 온 세상에 떨쳐 보이십시오. 저의 마지막 조언은 무엇보다도, 위험한 해석과 악의에 찬 말은, 그것의 숨은 동기들이 그것의 목적인 행위보다 대개 더 위험하니, 결코 귀담아듣지 말라는 것입니다. 도둑들이 가까이 와야만 짖는 착하고 충성스러운 개가 짖기 시작하면 온 집안은 깨어나 경계하기 마련입니다. 하지만 사람들의 휴식을 항상 방해하고 시도 때도 없이 줄곧 경계를 하게 만들다가도 정작 필요할 때는 짖지도 않는 소란스럽고 성가신 짐승들은 미움을 받습니다."

관대하고 훌륭하신 위원님들, 자유로운 국민들의 존경을 받으실 만한 훌륭한 행정관님들, 제가 드리는 각별한 경의와 존경심을 허락해 주십시오. 만약 어느 지위에 오른 사람들을 빛내 줄 만한 자리가 이 세상에 있다면, 그것은 아마 재능과 덕이 있어서 얻은 자리일 것인데, 여러분들이 받을 만하기에 당신들의 동향인들이 오르게 한 자리인 것입니다. 그들의 공적은 여러분들의 공적을 더 눈부시게 해 줍니다. 다른 사람들을 통치할 수 있는 사람들이 그들 자신을 통치해 달라고 여러분들을 선택했으니 저는 여러분들이 다른 행정관들보다 더 뛰어나다고 생각합니다. 자유로운 국민, 특히 여러분들이 영광스럽게 이끄는 국민이 지혜와 이성에 있어서 다른 국가의 하층민들보다 더 우월한 까닭입니다.

가장 훌륭한 기록으로 남을 것이고 저의 마음에 항상 머물러 있을 예를 하나 들게 해 주십시오. 저를 태어나게 해 주었고 어린 시절 당신들이 존경받아야 할 분들이라고 종종 이야기해 주었던 덕망 있는 시민을 생각하면 더없이 흐뭇한 기억에 사로잡힙니다. 저는 두 손을 써서 일하면서 가장 숭고한 진리로 정신을 함양한 그를 지금도 생생하게 기억합니다. 그의 앞자리에는 타키투스와 플루타르코스, 흐로티위스의 책들이 작업 도구들과 뒤섞여 있었습니다. 그의 옆자리에는 결실은 보잘것없었지만, 최고의 아버지에게서 다정다감한 교육을 받은 사랑스러운 아이가 있었습니다. 저는 청년기의 어처구니없는 방황[2]으로 그토록 현명한 가르침을 한동안 잊고 있었지만, 사람이 아무리 악습에 빠져드는 성향이 있다고 하더라도 마음을 쏟은 교육은 영원히 실패하지 않는다는 사실을 행복한 마음으로 마침내 느끼게 되었습니다.

관대하고 훌륭하신, 존경하는 위원님들, 여러분들이 통치하는 나라에서 태어난 시민들과 서민들조차 그와 같습니다. 그런 사람들은 다른 나라에서는 노동자들과 서민이라는 이름으로 너무나 비천하고 너무나 왜곡되어 받아들여지고 있지만, 이곳에서는 교육받고 양식이 있는 사람들입니다. 기꺼이 고백하건대 제 아버지는 동향인들

---

2   루소는 어린 시절의 독서를 통해 자유롭고 공화주의적인 성향을 형성하게 되었다. 반면에 강한 자존심과 복종을 참지 못하는 성향을 가지게 되었다. 루소는 13세에 장인(匠人) 뒤코묑의 집에서 5년간 수련을 했는데, 그는 『고백』(1782-1789)에서 이 기간이 자신의 어린 시절의 광채를 퇴색시켰고 성격마저 우둔하게 만들었다고 말한다. 이후 제네바를 떠난 루소는 바랑 부인을 만나 샹베리에 정착하기까지 방랑을 하며 인생의 우여곡절을 겪는다.

가운데서도 전혀 특별한 사람이 아니었습니다. 다른 사람들과 다를 바 없었습니다. 그는 꾸밈없는 모습으로 어느 고장에 가든지 가장 교양 있는 사람들에게서 교제를 권유받았고 교제가 이루어지면 좋은 결실이 있었습니다. 교육과 자연의 권리 그리고 출생의 권리에 있어서 여러분들과 동등한 사람들인데, 그들의 의지와 선택으로 여러분들의 공로를 인정하고 그 덕을 보았으니, 한편으로 생각하면 여러분들도 감사해야 할 아랫사람들이 있습니다. 그런 기질의 사람들이 여러분들에게 기대할 수 있는 존경의 표시에 대해서는 제가 말할 입장이 아니며 다행스럽게도 그럴 필요도 없습니다. 여러분들은 그들에 대해 법의 집행자에 걸맞은 근엄한 태도를 얼마나 온화하고 관대하게 누그러트리는지 모릅니다. 여러분들은 그들이 당신들에게 의무가 있는 복종과 존경에 대해 얼마나 존중하고 배려하면서 보답하는지 모릅니다. 저는 그런 사실을 알고 더없이 만족스럽습니다. 그것은 정의와 지혜로 가득 찬 행위인데, 다시는 일어나서는 안 될 불행한 사건들에 대한 기억에서 점차 벗어나는 데 필요한 행위이기도 합니다. 또한 공정하고 너그러운 이 국민은 자신들의 의무를 즐겁게 받아들이고 여러분들을 존경하기를 자연스럽게 원하는 까닭에 그들의 권리를 주장하는 데 더없이 열정적입니다. 그들은 여러분들의 권리도 더없이 성심껏 존중하는 만큼 그것은 더욱더 정당한 행동입니다.

시민 사회의 지도자들이 그 사회의 영광과 행복을 바라는 것에 대해 놀랄 필요는 없지만 스스로를 보다 신성하고 탁월한 행정관들로, 보다 정확히 말해 지배자들로 여기는 사람들이 자신들을 길러 주는 지상의 조국에 대해 일말의 애정을 드러내는 것은 사람들의 평안이라는 점에서 볼 때 몹시도 놀라운 일입니다. 우리에게 호의적으로 아주 드문 예외를 만들어 낼 수 있고, 법률이 허용한 신성한 교리의 열성적인 수탁자들이자 훌륭한 영혼의 목사들을 최고의 시민들의 반열에 포함시킨다는 것이 저에게는 얼마나 기분 좋은 일인지 모릅니다! 그들의 열렬하면서도 온화한 웅변은 그들 자신이 항상 앞장서서 실천하는 까닭에, 복음서의 규범들을 사람들의 마음속에 더 잘 새겨 넣을 수 있습니다. 제네바에서 설교의 훌륭한 기술이 얼마나 성공적으로 발전되어 왔는지 모든 사람이 알고 있습니다. 하지만 말과 행동이 서로 다른 것을 너무나 익숙하게 보아 왔기 때문에, 기독교 정신과 풍속의 신성함, 자기 자신에 대한 엄격함과 타인에 대한 온화함이 우리의 목사 집단을 얼마나 지배하고 있는지 아는 사람은 거의 없습니다. 신학자들과 문인 단체 사이의 그토록 완벽한 결합[3]의 모범적인 사례를 보여 주는 도시는 아마도 제네바가 유일할 것입니다. 제가 이 도시의 영원한 평화에 희망을 거는 것은 널리 인정받은 그들의 지혜와 절제, 국가의 번영에 대한 그들의 열의에 상당 부분 근거를 두고 있기 때문입니다. 또한 저는 그들이 존엄

---

3   루소는 칼뱅이 1559년에 세운 제네바 아카데미를 암시하고 있다. 1559년 신학교와 법학교로 설립된 제네바 아카데미는 이후 1581년부터 세속 학과 교육을 위해 발전을 거듭했고, 1873년, 제네바의 의원 앙투안 카르트레의 주도 아래 의학부가 창설됨에 따라, 대학교의 명칭을 갖게 되면서 제네바대학교의 전신이 되었다.

하면서도 야만적인 그 사람들의 끔찍한 규범들을 얼마나 싫어하는지 놀라움과 존경심이 뒤섞인 기쁨을 지닌 채 지적하고자 합니다. 그 사례는 역사를 통해 여러 차례 드러났습니다. 이른바 신의 권리, 즉 자신들의 이익을 주장하려고 자신들의 피가 항상 존중될 것이라고 우쭐대는 만큼,[4] 사람의 피에 대해서는 더욱더 인색하지 않았던 사람들이 있었습니다.

다른 절반의 사람들을 행복하게 해 주고 자신들의 온화함과 지혜로 평화와 미풍양속을 유지시켜 주는 공화국의 저 소중한 여성들을 제가 잊을 수 있겠습니까? 다정하고 정숙한 여성 시민이시여, 여러분의 운명은 항상 우리 남성 시민들을 다스리는 것이 될 것입니다. 결혼 생활 속에서만 사용되는 여러분의 정숙한 힘이 오직 국가의 영광과 공공의 행복만을 위해 행사된다면 행복할 것입니다! 스파르타에서는 여성들이 명령을 내렸듯이 제네바에서는 여러분에게 명령을 내릴 자격이 있습니다. 명예와 이성에 대해 말하는 다정한 아내의 목소리를 어떤 야만적인 남자가 물리칠 수 있겠습니까? 여러분에게서 나온 광채로 여러분을 가장 아름답게 보이도록 해 줄 소박하고 검소한 옷차림을 보고서 헛된 사치를 경멸하지 않을 사람이 누가 있겠습니까? 다정하고 순수한 영향력과 말솜씨로 이 나라에서는 법에 대한 사랑을, 시민들 사이에서는 화합을 항상 유지시키고, 불

---

4   광신에 대한 규탄을 볼 수 있다. 칼뱅도 예외가 될 수 없다. 루소는 제네바 신학자들의 자유주
    의를 칭찬하고 있는데, 그 대표자는 장 알퐁스 튀레티니(Jean Alphose Turretini, 1671~1737)이다.

화가 있는 집안들은 행복한 결혼으로 결합시키는 것이 바로 여러분의 일입니다. 특히 여러분은 우리 젊은이들이 다른 나라에서 배우게 될 나쁜 버릇을 설득력 있고 정감 있는 충고와 기품 있고 겸허한 말로 바로잡아야 합니다. 그들은 다른 나라에서 자신들에게 유익할 수 있는 수많은 것들을 배우는 대신에 타락한 여자들에게서 유치한 말투와 우스꽝스러운 태도, 뭔지 모를 소위 대단한 것에 대한 찬양만을 배워 옵니다. 그것은 종속에 대한 하찮은 보상이며 당당한 자유에는 결코 비길 바가 못 됩니다. 그러니 여러분은 언제나처럼 풍속의 순수한 수호자이자 평화의 온건한 끈이 되어 주시고 어떤 경우라도 의무와 미덕을 위해 본심과 자연의 권리를 끊임없이 행사해 주시기 바랍니다.

저는 이렇게 확신하면서 시민들 공동의 행복과 공화국의 영광을 바라기 때문에 어떤 사건 때문에 확신이 무너지는 일은 결코 없을 것이라고 자신합니다. 저는 공화국이 이 모든 유리한 조건을 지니고 있다 해도 대부분의 사람의 눈을 현혹시키는 그런 광채로 빛나는 일은 없다는 것을 인정합니다. 그런 화려함에 대한 유치하고도 해로운 취미는 행복과 자유에 대한 가장 치명적인 적입니다. 방탕한 젊은이들에게는 다른 곳에 가서 손쉬운 쾌락과 오래갈 후회를 찾게 하시기 바랍니다. 안목이 있다고 자처하는 사람들에게는 다른 곳에 가서 웅장한 궁전과 아름다운 행렬, 으리으리한 가구, 화려한 공연과 더없이 세련된 무력함과 사치를 찬양하게 하시기 바랍니다. 제네바에는 사람들 말고는 내세울 것이 없지만 그런 볼거리도 상당한 가치가 있으니 그런 가치를 추구하는 사람들이 다른 것을 찬양하는 사람들보다 낫습니다.

관대하고 훌륭하신, 존경하는 위원님들, 공동의 번영에 대해 제가 지니고 있는 관심의 정중한 증거를 모두가 같은 선의로 받아 주십시오. 만약 제가 마음을 쏟아 내면서 불행히도 조심성 없는 격정으로 잘못을 저질렀다면, 진정한 애국자의 따뜻한 애정과 자기 자신보다는 여러분 모두가 행복한 것을 보는 것을 더 큰 행복으로 생각하는 한 사람의 뜨겁고 정당한 열정을 보아서 부디 용서해 주십시오.

깊은 존경심을 담아서,
관대하고 훌륭하신 존경하는 위원님들께.

겸손하고 온순한 봉사자이자 동포 시민,
장 자크 루소 올림.

1754년 6월 12일 샹베리에서.

서 문

내가 보기에 인류의 모든 지식 중 가장 유용하면서도 가장 덜 진
보된 것이 인간에 관한 지식인 듯싶다.❷ 나는 델포이 신전에 새겨져
있는 글[5] 하나에 모럴리스트[6]들의 두꺼운 책들 전부보다도 더 중요
하고 더 어려운 가르침이 나타나 있다고 감히 말하겠다. 그래서 이
논문의 주제는 철학에서 제기될 수 있는 가장 흥미로운 문제 중 하
나이면서도 불행히도 철학자들이 해결하기에 가장 까다로운 문제
중 하나라고 생각한다. 왜냐하면 우선 인간 그 자체에 대해 알아야
인간들 사이 불평등의 기원을 알 수 있기 때문이다. 여러 시대와 상
황이 이어지는 가운데 인류의 근원적인 구조 속에서 만들어졌을 모
든 변화 속에서 자연이 만든 있는 그대로의 자신을 어떻게 알아보
겠는가? 인간의 본질에 속하는 것과 환경 그리고 진보가 인간의 원
시 상태에 초래했거나 변화시킨 것을 어떻게 분간하겠는가? 시간과
바다, 폭풍우가 너무나 흉하게 만들어 버려 신이라기보다는 맹수처

5　델포이 신전의 기둥에 새겨져 있는 "너 자신을 알라"라는 격언을 뜻한다. 루소의 『에밀』(1762)
　　시작 부분에 있는 "우리가 정말로 연구해야 할 것은 인간의 조건에 관한 것이다"에 상응한다.
6　인간성과 풍속에 대해 성찰하는 작가를 말한다. 이들은 주로 인간의 풍속과 성격, 삶의 방식에
　　관심을 둔다. 모럴리스트 중에는 생시몽 공작처럼 궁정에 들어가 사는 경우도 있었지만, 파스
　　칼처럼 고독과 은둔을 선택하는 사람도 있었다.

럼 되어 버린 글라우코스[7]의 상처럼, 인간의 영혼은 사회 속에서 끝없이 생겨나는 수많은 원인 때문에, 수많은 지식과 오류를 얻게 되어서, 체질에 일어난 변화 때문에, 정념에 가해진 지속적인 충격 때문에 거의 알아볼 수 없을 정도로 겉모습이 변해 버렸다. 그래서 그 영혼에서 찾아낼 수 있는 것은 확실하고 불변하는 원칙에 의해 항상 행동하는 존재가 아니며 창조자가 새겨 놓은 저 경이롭고 당당한 순박함도 아니며 논리적으로 따지고 있다고 믿는 정념과 망상에 빠져 있는 오성悟性의 비정상적인 대조일 뿐이다.

더욱더 가혹한 것은 인류의 모든 진보는 인간을 원시 상태에서 끊임없이 멀어지게 만드는 까닭에 우리가 새로운 지식을 쌓을수록 모든 지식 중 가장 중요한 지식을 얻을 수단을 빼앗기게 되어 어떤 의미에서는 인간에 대해 너무 연구한 나머지 인간을 알지 못하게 되었다는 것이다.

사람들을 구분 짓는 차이가 어디서 처음 비롯되었는지 찾아야 하는 곳이 인간 구조[8]의 연속적인 변화라는 사실은 쉽게 알 수 있다. 모두 동의하듯이 인간은 본래 평등하다. 여러 물리적 원인이 몇몇 종들 속에서 우리가 알고 있는 변종을 만들어 내기 전에는 여러 종의 동물들도 마찬가지였던 것처럼 말이다. 사실 이 최초의 변화들

---

7 글라우코스는 그리스 신화에 등장하는 바다의 신이다. 오비디우스의 『변신』에서 상체는 인간이고 하체는 물고기인 것으로 묘사되었다. 플라톤은 『국가』, 제10권에서, 인간의 영혼이 육체와 결합하여 불멸성을 상실한 것을 흉하게 변형된 글라우코스상에 비유하고 있다.
8 루소는 인간에게서 변하기 쉬운 것을 설명하면서 '인간 본성'보다는 '인간 구조'라는 표현을 사용한다.

이 어떤 수단을 통해 일어났건, 종의 모든 개체를 동시에, 또한 같은 방식으로 변질시켰다고 상상할 수는 없다. 어떤 개체는 본성에 조금도 내재해 있지 않은 좋거나 나쁜 다양한 성질을 얻어 완전해지거나 손상된다. 또 어떤 개체는 더 오랫동안 본래 상태에 머물러 있다. 인간들 사이 최초의 불평등의 기원도 그와 같은데, 그 진짜 원인을 정확하게 찾아내는 것보다 그런 식으로 그것을 일반적으로 증명하는 것이 더 쉽다.

그러니 독자들께서는 내가 무척이나 알기 어려워 보이는 것을 이해했다고 감히 우쭐된다고는 생각하지 마시기 바란다. 나는 몇 가지 추론을 시작했다. 나는 문제를 해결하려고 기대를 걸기보다는 그것을 명확히 하여 진정한 상태로 돌려놓으려는 의도에서 몇 가지 가설을 제기해 보았다. 다른 사람들은 종착지에 도착하는 것이 쉽지는 않겠지만 같은 길을 좀 더 쉽게 더 멀리 갈 수 있을 것이다. 왜냐하면 인간의 현 상태에서 본래의 것과 인위적인 것을 분간하는 것, 더 이상 존재하지 않고 전혀 존재하지 않았을지도 모르며 결코 존재하지 않을 것 같은 어떤 상태이면서도 우리의 현 상태를 제대로 판단하기 위해서는 정확한 개념을 지닐 필요가 있는 그 상태를 밝히는 것은 쉬운 계획이 아니기 때문이다. 이 주제에 대해 분명하게 관찰하려면 어떤 주의가 필요한지 정확하게 결정하려는 사람은 우리가 생각하는 것보다 더 많은 철학을 필요로 할 것이다. 그러니까 다음 문제에 대한 마땅한 해답은 우리 시대의 아리스토텔레스와 플리니우스[9]가 찾을 만해 보인다. "자연인을 알게 되려면 어떤 실험이 필요한가?", "또한 사회에서 그 실험을 할 방법은 무엇인가?" 내가 그 문제를 해결하려고 시도하는 것은 터무니없는 일이지만 이 주제에 대해 충분히 심사숙고했으니, 가장 위대한 철학자들도 그 실험을 이끌 정도로 훌륭하지 않으며 가장 힘센 권력자들도 그 실험을 할 만큼 대단하지는 않을 것이라고 감히 미리 대답할 정도는 된다고 생각한다. 좋은 성과를 얻기 위해서는 특히 양편의 인내, 정확히 말해 지식과 선의의 지속적인 협력을 필요로 하지만 그것을 기대하지 않는 것이 이치에 맞다.

행하기 정말 어려운 이 연구는 우리가 지금까지 거의 생각해 본 적이 없지만 우리로 하여금 인간 사회의 실제 기초에 대해 알지 못하게 만드는 수많은 어려움을 제거할 수 있도록 해 주는 유일한 수단이다. 바로 인간 본성에 대한 무지 때문에 자연권의 참된 정의가 불확실하고 알려져 있지 않은 것이다. 뷔를라마키Burlamaqui 씨[10]가 말했듯이 법에 대한 관념, 더구나 자연법의 관념은 명백히 인간의 본성과 관련된 관념인 까닭이다. 따라서 그는 이 학문의 원리를 추론해야 하는 것은 바로 인간의 본성 그 자체 그리고 인간의 구조와 상태로부터라고 말한다.

이런 중요한 주제에 대해 자연법을 다룬 여러 저자들 사이에 일

---

9   가이우스 플리니우스 세쿤두스(23~79)는 고대 로마의 박물학자이자 정치인, 군인이다. 77년에 자연계에 관한 백과사전인 『박물지(*Naturalis Historia*)』를 써서 간행했다.
10 장 자크 뷔를라마키(Jean-Jacques Burlamaqui, 1694~1748)는 제네바의 법률가로 정치적 권리와 자연법에 관한 저술을 많이 남겼다.

치된 견해가 거의 없다는 사실을 알고 나니 어이가 없고 놀라울 따름이다. 가장 진중한 저자들 사이에서도 그 점에 대해 같은 의견을 제시하는 사람은 손에 꼽을 정도이다. 가장 근본적인 원리에 대해서도 서로 반박하려고 애썼던 것 같은 고대 철학자들[11]은 차치하더라도 로마의 법률가들[12]도 인간과 다른 모든 동물에게 동일한 자연법을 따르게 한다. 왜냐하면 그들은 자연법을 자연이 규정하는 법칙이기보다는 자연이 그 자체에게 과하는 법칙으로 여기는 까닭이다. 더 정확히 말하면 그 법률가들이 법이라는 단어에 대해 이해하고 있는 특별한 의미 때문인데, 이 경우 그들은 그 단어를 생물의 공동 보존을 위해 모든 생물 사이에서 자연이 세운 일반적인 관계의 표현으로만 생각했던 듯싶기 때문이다. 근대의 법률가들[13]은 법이라는 이름으로 도덕적인 존재, 즉 현명하고 자유로우며 다른 존재들과의 관계 속에서 고려되는 존재에 규정된 규칙만을 인정하는 까닭에 이성을 지닌 유일한 동물, 즉 인간에게만 자연법의 적용 범위를 제한한다. 하지만 그들은 이 법을 저마다 자기식대로 정의해서 지나치게 형이상학적인 원리 위에 세워 놓았기 때문에 우리 사이에는 그 원리를 스스로 찾아낼 수 있기는커녕 그것을 이해할 수 있는 사람조차 거의 없다. 그러므로 이 학자들의 모든 정의는 항상 모순되

---

11 아리스토텔레스와 스토아학파 철학자들을 뜻한다.
12 3세기경에 활동한 로마의 울피아누스(Domitius Ulpianus)와 파피니아누스(Papinianus)와 같은 법학자들을 말한다.
13 흐로티위스와 푸펜도르프 등을 뜻한다.

기는 하지만 이 점에 있어서만은, 즉 대단히 위대한 추론가나 심오한 형이상학자가 아니고서는 자연의 법을 이해하는 것도 결과적으로 그것에 따르는 것도 불가능하다는 것에 대해서만큼은 서로 의견이 일치한다. 그것은 인간이 사회를 세우기 위해서는, 사회 그 자체 안에서 수없이 애를 쓰고 극소수의 사람들에게서만 발전해 온 지식을 사용해야 했었다는 것을 정확히 의미한다.

자연에 대해 거의 아는 바가 없고 법이라는 단어의 의미에 대해서도 거의 의견이 일치하지 않는다면 자연법의 올바른 의미에 대해 서로 뜻이 맞는 것은 상당히 어려울 것이다. 따라서 책에 있는 모든 정의는, 조금도 일정하지 않다는 결함 말고도, 인간들이 본래 전혀 가지고 있지 않은 여러 지식과 그들이 자연 상태를 벗어난 후에야 그런 관념에 대해 생각할 수 있는 이점에서 끌어낸 결함도 지니고 있다. 사람들은 공동의 이익을 위해 마침 서로 뜻이 맞는다고 생각하는 규칙을 연구하는 것으로 시작한다. 그런 다음, 이 규칙들의 집합체에 자연법이라는 이름을 부여하지만, 그것을 보편적으로 적용해 보면 결과가 좋을 것이라고 생각하는 것 말고 또 다른 증거는 없다. 바로 이것이 정의를 내리고, 거의 자의적인 일치를 통해, 사물의 본성을 설명하는 대단히 편리한 방식임에 틀림없다.

하지만 우리가 자연의 인간에 대해 조금도 알지 못하는 한 그가 받아들인 법이나 그의 체질에 가장 적합한 법을 규명하려 해도 헛된 일이다. 우리가 이 법에 관해 대단히 명확하게 알 수 있는 모든 것은 그것이 법이기 위해서는 법의 구속을 받는 사람의 의지가 그것을 알고 있으면서 순응해야만 하고, 뿐만 아니라 그것이 자연적이기 위해서는 법이 자연의 목소리를 통해 직접적으로 말해야만 한다는 것이다.

따라서 인간을 완성된 모습으로 보는 법만을 우리에게 가르쳐 주는 일체의 학술서들은 차치하고, 인간의 영혼의 최초이자 가장 단순한 작용에 관해 성찰해 보면, 내 생각에 그것에서 이성 이전의 두 개의 원리[14]를 발견할 것으로 보인다. 하나는 우리의 행복과 자기 자신의 보존에 대해 열렬히 관심을 갖는다는 것이고, 다른 하나는 감수성이 예민한 존재와 무엇보다도 동포들이 죽거나 고통스러워하는 것을 보면 자연히 혐오감이 든다는 것이다. 사회성의 원리를 개입시킬 필요 없이, 내가 보기에 자연법의 모든 규칙은 우리의 정신이 이 두 개의 원리로 만들어 낼 수 있는 협력과 조합에서 비롯되는 듯싶다. 이성이 지속적으로 성장하여 마침내 자연을 질식시켜 버리면, 이성이 또 다른 토대 위에서 다시 세울 수밖에 없는 규칙들 말이다.

이와 같이 우리가 철학자를 인간으로 만들기 전에 인간을 철학자로 만들어야 할 필요는 조금도 없다. 타인에 대한 인간의 의무는 지혜의 뒤늦은 가르침으로 배우는 것만은 아니다. 연민이라는 내적 충동에 전혀 맞서지 않는 한, 인간은 타인에게도 어떤 감성적 존재에게도 결코 해를 끼치지 않을 것이다. 자신을 보존해야 하는 이해

---

14 루소는 인간에게는 자기애와 연민이 있을 것이라고 생각한다.

관계가 있어 자기 자신을 우선순위에 두어야 하는 정당한 경우를 예외로 하고 말이다. 이 방법을 통해 '동물도 자연법에 참여해야 하는 가?'라는 오랜 논쟁도 끝이 났다. 지식과 자유가 없는 동물은 이 법칙을 알 수 없는 것이 분명하기 때문이다. 하지만 동물도 타고난 감성에 의해 어떤 점에서 우리의 본성과 관계가 있으므로 동물도 자연법에 가담해야 하고 인간은 그들에 대해 일종의 의무가 있다고 판단된다. 사실 내가 나의 동포들에게 어떤 해도 끼쳐서는 안 된다면 그들이 이성적인 존재여서라기보다는 감성적인 존재이기 때문인 듯싶다. 이런 특성은 짐승과 인간에게 공통된 것이므로 적어도 짐승은 인간에게 불필요하게 학대받아서는 안 될 권리가 있다.[15]

본래적 인간과 진정한 욕구, 의무의 기본적인 원리에 대한 이 연구는 도덕적 불평등의 기원과 정치체[16]의 참된 토대, 구성원들의 상호적인 권리, 중요하지만 잘 밝혀지지 않은 유사한 다른 많은 문제에서 나타나는 수많은 어려움을 해결하기 위한 유일하면서도 좋은 방법이다.

인간 사회를 차분하고 객관적인 시선으로 관찰해 보면 강자의 폭력과 약자의 억압만을 보여 주는 듯싶다. 정신적으로는 강자의 몰인정함에 분노하고 약자의 분별없음에 개탄하게 된다. 인간의 제도가 언뜻 보기에 허물어지기 쉬운 모래 더미 위에 세워진 것 같은 이

---

15 루소는 동물에 대한 연민을 드러난 바가 있고, 세네카의 『서간집』과 몽테뉴의 『수상록』(1580)에도 동물의 생명에 대해 존중할 것을 말하는 글이 있다.
16 정치체는 자연적 집단과 구분되는 정치적 집단으로서의 국민과 국가를 뜻한다.

유는, 인간들 사이에서는 지혜보다는 종종 우연이 만들어 내고, 강하거나 약하고 부유하거나 가난하다고 불리는 외적인 관계만큼 불안정한 것이 아무것도 없기 때문이다. 인간의 제도라는 건물을 가까이에서 살펴보고 건물에 쌓여 있는 먼지와 모래를 치운 다음에야 그것을 떠받치고 있는 견고한 기초를 보게 되고 그 기반을 존중하는 법을 배우게 된다. 그런데 인간에 대해, 타고난 능력에 대해, 그것의 계속된 발전에 대해 진지하게 연구하지 않고서는 그것을 구별하여 사물의 현재 구조 속에서 신이 의지로 행한 것과 인간의 기교가 만들어 낸 것이라고 주장하는 것을 결코 구분해 내지 못할 것이다. 따라서 내가 검토하고 있는 중요한 문제가 불러일으키는 정치적·도덕적 연구는 어쨌든 유용하며, 여러 정치체제에 대한 가설적인 역사는 모든 점에서 인간에게 교육적인 교훈이 되고 있다. 우리가 우리 자신을 스스로에게 맡겼다면 어떻게 되었을지 생각해 본다면, 자비로운 손으로 우리의 제도를 붙들어 주고 그것에 흔들리지 않는 기반을 제공하고 그것에서 비롯되었을지도 모르는 무질서를 예방하여, 우리를 더없이 비참하게 만들 수 있었을 수단으로써 우리에게 행복을 가져다준 사람에게 감사하는 법을 배워야 할 것이다.

신이 당신에게 무엇이 되기를 원했는지 또한 세상에서 당신이 어떤 자리를 차지하고 있는지 알아야 할 것이다.[17]

---

17 페르시우스(Persius)의 『풍자시』(1706), 3편, 71~73행.

주석에 관한 일러두기

　나는 두서없이 작업을 하는 게으른 습관에 따라 이 저작에도 몇
개의 주석을 달았다. 이 주석 중 몇몇은 주제에서 상당히 벗어나 있
어 본문과 함께 읽기에 적합하지 않다. 그래서 그것들을 논문의 마
지막으로 보내어 한 번에 이어서 읽을 수 있도록 최선의 노력을 다
했다. 이 논문을 다시 읽어 볼 열의가 있는 사람들은 다음번에는
좀 더 샅샅이 파헤쳐서 주석을 훑어보는 것도 흥미로울 것이다. 그
렇지 않은 사람들의 경우 주석을 전혀 읽지 않아도 문제가 없을 것
이다.

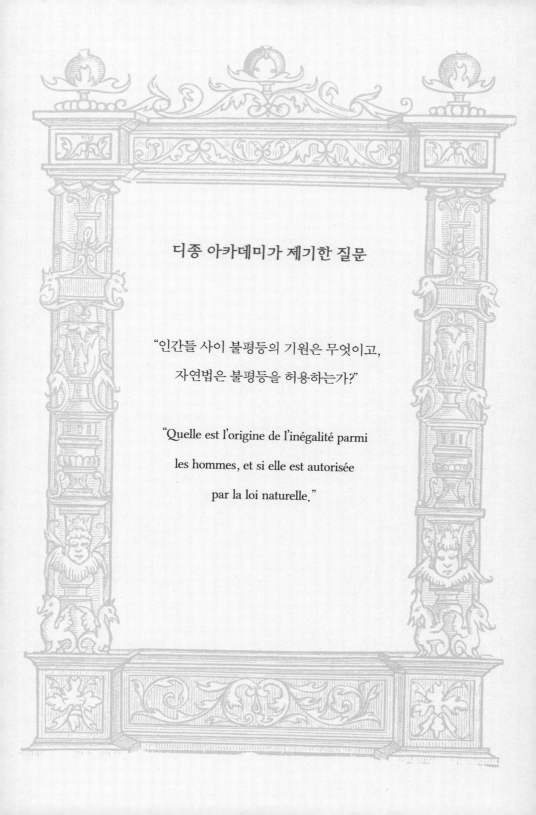

디종 아카데미가 제기한 질문

"인간들 사이 불평등의 기원은 무엇이고,
자연법은 불평등을 허용하는가?"

"Quelle est l'origine de l'inégalité parmi
les hommes, et si elle est autorisée
par la loi naturelle."

인간들 사이 불평등의
기원과 근거에 관한 논문

서 문

내가 말해야 하는 것은 인간에 대해서이다. 나는 검토 중인 문제를 통해 내가 인간에 대해 말하고자 한다는 사실을 배운다. 왜냐하면 사람들은 진리를 존중하기를 두려워할 때, 이 문제를 전혀 제기하지 않기 때문이다. 따라서 나는 이 문제로 나를 이끈 현인들 앞에서 확신을 갖고 인류의 입장을 옹호할 것이다. 내가 자신의 주제와 심사위원들에게 적합한 사람이 된다면 나 자신에 대해 불만족스럽지는 않을 것이다.

나는 인류에게서 두 종류의 불평등을 생각해 냈다. 나는 그중 하나를 자연적 혹은 신체적 불평등이라 부른다. 왜냐하면 그것은 자연을 통해 정해지는 것인데, 나이, 건강, 체력 그리고 정신이나 영혼의 품성의 차이로 이루어지기 때문이다. 또 다른 하나는 도덕적 혹은 정치적 불평등이라 부른다. 왜냐하면 그것은 일종의 합의에 속하는 것이며 사람들 사이의 동의에 의해 정해지거나 적어도 허용되기 때문이다. 후자는 몇몇 사람들이 다른 사람들에게 해를 끼치며 누리는 여러 특권으로 이루어져 있다. 다른 사람들보다 더 부자이거나 더 존경을 받고 더 권력이 있거나 혹은 그들을 복종시키는 특권 말이다.

우리는 자연적인 불평등의 기원이 무엇인지 물을 수 없다. 왜냐하면 말의 단순한 정의 속에 대답이 있을 것이기 때문이다. 두 가지 불평등 사이에 어떤 본질적인 관계가 있을지 찾아보는 일은 더욱더 가능하지 않다. 그것은 명령하는 사람들이 복종하는 사람들보다 반드시 더 능력이 있는지, 육체나 정신의 힘, 지혜나 미덕 등이 동일한 개인들에게서 권력이나 부에 비례하여 존재하는 것인지 다른 말로 묻는 것과 다를 바 없기 때문이다. 이는 노예들이 주인들 듣는 데서 토론하기에는 좋은 문제일지 몰라도 진리를 추구하는 이성적이고 자유로운 사람들에게는 적절하지 않은 문제이다.

그렇다면 이 논문에서 문제가 되는 것은 정확히 무엇인가? 그것은 상황이 발전하는 가운데 폭력에 이어 권리가 생기고 자연이 법에 따르는 시기를 지적하는 것이다. 또한 어떤 놀라운 일이 계속되면서 강자가 약자에게 봉사하고 인민이 현실의 행복을 대가로 상상 속에서 평안을 얻기로 결심할 수 있었는지 설명하는 것이다.

사회의 토대를 조사해 본 철학자들은 하나같이 자연 상태에 이르기까지 거슬러 올라갈 필요성을 느꼈다. 하지만 그들 중 누구도 그것에 성공한 사람은 없다. 어떤 철학자[18]는 조금도 주저하지 않고 그

---

18 『전쟁과 평화의 법』(1625)을 쓴 휘호 흐로티위스를 말한다.

런 상태의 인간에게 정의와 부정의 개념이 있었음을 가정했지만, 그가 그 개념을 분명히 가지고 있었고 그것이 그에게 유용했음을 밝히는 것에는 관심을 두지 않았다. 다른 철학자들[19]은 저마다 자신에게 속한 것을 보존하려는 자연권에 대해 말했지만 속한다는 것이 무슨 의미인지에 대해서는 설명하지 않았다. 또 다른 철학자[20]는 먼저 강자에게 약자에 대한 권한을 부여하면 곧 정부가 태어난다고 했지만, 권한과 정부라는 단어의 의미가 사람들 사이에서 존재할 수 있기까지 흘렀을 시간에 대해서는 생각하지 않았다. 마지막으로 그들 모두는 욕구, 탐욕, 억압, 욕망, 교만에 대해 끊임없이 말하고 있지만, 자신들이 사회에서 얻은 관념을 자연 상태에 옮겨 놓았을 따름이다. 그들은 미개인[21]에 대해 말했는데 문명인을 묘사하고 말았다. 우리 시대의 대부분의 철학자는 자연 상태가 존재했는지 머릿속으로 의심조차 해 보지 않았다. 성경을 보면 신에게서 계시와 계율을 직접 받은 최초의 인간 자신도 전혀 그런 상태에 있지 않았고, 모든 기독교 철학자들처럼 모세 5경을 믿는다면 대홍수 이전에도 인간이 결코 순수한 자연 상태에 있지 않았다는 것은 분명하다. 어떤 특별한 사건 때문에 그런 상태에 다시 떨어지지 않는다면 말이다. 그런 사실은 옹호하기가 대단히 어렵고 증명하는 것이 완전히 불가능한

---

19 『자연과 인간의 법』(1672)을 쓴 독일의 법학자 푸펜도르프와 『시민 정부에 관한 두 논문』(1690),
   2장 「자연 상태에 관하여」를 쓴 존 로크를 말한다.
20 『시민론』(1642)을 쓴 토머스 홉스를 말한다.
21 문명사회가 아닌 자연 상태에 있는 인간을 뜻한다.

역설이다.

따라서 이 모든 사실을 제외시키는 것에서부터 시작하자. 그것들은 조금도 관련이 없으니까 말이다. 이 주제에 대해 다룰 수 있는 연구는 역사적 진실의 추구가 아니라 단지 가설적이고 조건적인 추론으로 다루어져야 한다. 그러한 추론은 사물의 진정한 기원을 증명하기보다는 그것의 본질을 밝혀 주는 데 적합하여 물리학자들[22]이 날마다 우주의 형성에 대해 추론하는 것과 비슷하다. 종교적 믿음에 따르면 신은 창조 바로 다음에 인간을 자연 상태에서 벗어나게 했기 때문에 그들이 불평등한 것은 신이 그렇게 되기를 원했기 때문이었다. 하지만 종교 역시 만약 인류가 홀로 내버려진 채로 있었다면 어떻게 되었을 것인지에 관해 인간과 인간을 둘러싼 존재들의 본성에만 기대어 추측하는 것을 막지 않는다. 바로 이것이 내게 주어진 질문이며 이 논문에서 연구하고자 하는 것이다. 내 연구 주제는 인간 일반과 관련이 있으므로 모든 나라 사람들에게 적합한 언어를 쓰려고 노력할 것이다. 보다 정확히 말해서 내 말을 듣고 있는 사람들만을 생각하기 위해 때와 장소를 잊은 채 아테네의 학당에서 스승들의 가르침을 복습하며 플라톤과 크세노크라테스[23]를 심사위원으로, 인류를 청중으로 두고 있다고 생각할 것이다.

오, 인간이여, 당신이 어느 나라 사람이든 어떤 생각을 가지고 있

---

22 『지구 이론』(1749)을 쓴 뷔퐁과 『우주 생성론 시론』(1750)을 쓴 피에르 모페르튀이를 말한다.
23 크세노크라테스(기원전 396~기원전 314)는 그리스의 철학자로 플라톤의 제자이다. 풍속의 순수성으로 덕망이 높다.

든 내 말을 들어 보기 바란다. 거짓말쟁이들인 여러분의 동포들이 쓴 책에서가 아니라 결코 거짓말을 하지 않는 자연에서 내가 읽었다고 생각하는 그대로의 여러분의 역사를 들려 드리겠다. 자연에 속하는 모든 것은 진실일 것이다. 거짓이 있다면 내가 본의 아니게 내 의견을 덧붙였기 때문일 것이다. 내가 말하려는 시대는 아주 먼 옛날이다. 여러분은 그 당시와 비교해서 얼마나 많이 변했는가! 내가 묘사하려는 것은 말하자면 여러분의 종種의 삶에 관해서인데, 교육과 습관이 타락시킬 수는 있었지만 파괴할 수는 없었던 여러분의 타고난 품성에 기반할 것이다. 나는 저마다 머무르고 싶을 시기가 있다고 생각한다. 그래서 당신도 당신의 종이 머물렀으면 싶을 시대[24]를 찾을 것이다. 당신은 자신의 불행한 후손들에게 더욱더 큰 불만족을 예고하는 여러 이유 때문에 현재 자신의 처지에 불만을 느끼고 그 시대로 되돌아갈 수 있기를 원할 것이다. 바로 그 감정 때문에 당신은 최초의 조상들을 찬양하게 되고 동시대인들을 비판하게 되며 불운하게도 여러분 뒤에 살게 될 사람들에게는 두려움을 심어 줄 것이다.

---

24 루소는 인간이 인류사에서 최상의 상태에 있었던 시기를 암시하고 있다. 그 시기는 원시 상태와 사회 상태의 중간기로 볼 수 있다.

1부

인간의 자연 상태를 올바르게 판단하려면 인간을 기원부터 검토하는 것, 말하자면 종의 최초의 상태에서 살펴보는 것이 중요하다. 그럼에도 나는 인간의 연속적인 성장 과정을 통해 그 조직을 따라가지는 않을 것이다. 인간이 현재의 모습이 되기 위해 처음 모습은 어땠는지를 동물의 조직을 통해 연구하지는 않을 것이다. 아리스토텔레스는 인간의 길게 자란 손톱이 처음에는 짐승의 갈고리 모양으로 굽은 발톱은 아니었는지, 인간이 곰처럼 털이 많지는 않았는지, 네 발로 걸어 다녀서❸ 시선은 땅바닥을 향하고 몇 발자국 앞밖에 보지 못하여, 유전적 형질에 깊은 영향을 미쳤고 동시에 사고의 한계를 가져온 것은 아닌지 생각했다. 하지만 나는 그렇게 관찰하지는 않을 것이다. 나는 이 주제에 관해서는 막연하고 거의 상상에 가까운 추측을 할 수밖에 없을 것이다. 비교해부학은 아직은 발전이 더디고 박물학자들의 관찰은 아직도 너무나 불확실하므로 그런 기반 위에서 견고한 추론의 기초를 세울 수는 없다. 따라서 내가 가정하는 것은 다음과 같다. 우리가 그 점에 관해 지니고 있는 초자연적인 지식에 도움을 받지 않을 것이며 인간이 손발을 새로운 용도로 사용하고 새로운 음식을 섭취함에 따라 인체의 구조에 나타났을 변화도 고려하지 않을 것이다. 반면에 인간은 모든 시대에 오늘날 우리가 보듯이 두 발로 걸어 다니고 우리가 그러하듯이 두 손을 사용하고 모든 자연을 쳐다보며 드넓게 펼쳐진 하늘을 눈으로 헤아렸다고 짐작할 것이다.

이와 같이 형성된 존재에게서 그가 받았을 수 있는 모든 초자연적인 재능과 오랜 진보를 통해서만 얻을 수 있었던 모든 인위적인 능력을 빼앗아 버리고, 한마디로 말해 그가 자연의 손길을 벗어났을 때의 있는 그대로의 상태를 고려해 볼 수 있을 것이다. 그렇게 하면 나는 다른 동물들보다 강하지 못하고 날래지도 못하지만 결국에는 다른 동물들보다 가장 유리하게 조직된 어떤 동물을 마음에 그리게 된다. 나는 그가 떡갈나무 아래서 배불리 먹고 처음 만난 시냇물에서 목을 축이며 자신에게 안식처를 제공해 준 바로 그 나무 아래에 잠자리를 마련하는 장면을 떠올려 본다. 이렇게 그는 자신의 욕구를 만족시켰다.

땅은 자연 그대로 비옥하고❹ 도끼에 전혀 훼손되지 않은 방대한 숲으로 뒤덮여 있어서 온갖 종류의 짐승들에게 이곳저곳에 먹이 저장고와 은신처를 만들어 준다. 인간은 동물들 사이에 흩어져 살면서 그들의 삶의 방식을 관찰하고 모방하여 짐승의 본능까지 배우게 된다. 저마다의 종은 그들 자신의 본능만을 가지고 있고 인간은 자신에게 속한 어떤 본능도 가지고 있지 않으므로 일체의 본능을 자기 것으로 만들고 다른 동물들이 나누어 먹는 다양한 대부분의 식량도[9] 먹고 살기 때문에 다른 어떤 동물들보다도 더 쉽게 식량을 찾는다는 장점이 있다.

인간은 어린 시절부터 매서운 날씨와 가혹한 계절에 익숙해지고, 벌거벗은 채, 무기도 없이 자신의 목숨을 지키며 사냥감을 다른 맹수들로부터 지키거나 그들에게서 달아나야만 했던 까닭에 강인하고 거의 변하지 않는 체질이 되었다. 아버지에게서 훌륭한 체격을 받고 태어난 아이들은 그런 체격을 만들었던 것과 같은 훈련으로 자신을 더 단련시킴으로써 인류가 얻을 수 있는 모든 강인함을 획득한다. 자연은 스파르타의 법률[25]이 시민의 아이들에게 했던 방식 바로 그대로 아이들을 다룬다. 말하자면 자연은 잘 성장한 아이들을 강하고 튼튼하게 만들고 그렇지 못한 모든 아이는 죽게 만든다. 그 점에서 자연은 우리 사회와 다르다. 우리 사회에서 국가는 아이들을 아버지에게 짐이 되게 만듦으로써 아이들이 태어나기도 전에 충동적으로 죽이고 만다.

미개인은 자신이 알고 있는 유일한 도구가 신체인 까닭에 그것을 다양한 방식으로 사용한다. 반면에 우리의 신체는 훈련이 부족하여 그럴 수가 없다. 바로 교묘한 재주 탓에 우리는 필요에 의해 얻을

---

25 우리에게 스파르타식 교육으로 알려진 가혹한 훈육과 훈련 방식을 규정한 법률을 말한다. 스파르타에서는 아이가 허약하게 태어나면 들판에 버려서 죽게 했으며 극한 체력을 요구하는 훈련을 시켰고 애국심과 복종을 강조했다.

수밖에 없었던 힘과 날렵함을 빼앗긴 것이다. 만약 미개인이 도끼를 들고 있었다면 그렇게 억센 가지를 손목으로 꺾었겠는가? 새총이 있었다면 그토록 기를 쓰고 손으로 돌을 던졌겠는가? 만약 사다리가 있었다면 그토록 가볍게 나무를 올랐겠는가? 말을 타고 있었다면 그렇게 빨리 달렸겠는가? 문명인에게 주변에서 일체의 도구를 모을 만한 시간을 준다면[26] 그는 의심의 여지 없이 미개인을 쉽게 이길 수 있을 것이다. 하지만 여러분이 불공정한 싸움이 벌어지는 것을 보려면 서로 벌거벗은 채, 무기 없이 싸우게 해 보기 바란다. 그렇게 되면 여러분은 있는 힘을 언제든지 마음껏 써서 모든 일에 늘 대처할 수 있다는 것이, 말하자면 자신을 늘 온전히 감당할 수 있다는 것이 얼마나 유리한지 곧 알게 될 것이다.❻

홉스의 주장[27]에 따르면 인간은 본래 용감하여 공격하고 싸우려고만 했다고 한다. 어떤 유명한 철학자[28]는 다르게 생각하였다. 컴벌랜드[29]와 푸펜도르프[30]도 같은 주장을 하고 있다. 자연 상태의 인간만큼 소심한 것은 없으며 항상 두려움에 떨면서 바스락 소리만 들려도, 조금만 꿈틀거려도 도망갈 채비를 하고 있다는 것이다. 자신

---

26 문명인은 도구의 인간이다. 루소는 『에밀』에서도 "우리는 주위에 기계를 모아 둔 나머지 자기 자신에게서는 그것을 발견하지 못한다"라고 기술한 바 있다.

27 홉스는 인간은 자연 상태 속에서 "만인의 만인에 대한 투쟁" 속에 있다고 했다. 그는 이런 무질서 상태를 벗어나기 위해 필요한 국가 계약설을 주장했다.

28 몽테스키외를 뜻한다. 『법의 정신』(1748), 1부, 1편, 2장 참조.

29 컴벌랜드(Richard Cumberland, 1631~1718)는 『자연법의 철학적 음미』(1672)에서 홉스에 대해 반박했다.

30 푸펜도르프의 저서 『자연과 인간의 법』 참조.

이 알지 못하는 대상에 대해서는 그럴 만도 하다. 나는 인간이 자신과 만나게 되는 모든 새로운 광경에 두려워한다는 것을 조금도 의심하지 않는다. 자신이 예측해야 하는 육체적 선악을 구분할 수 없고, 자신이 무릅써야 하는 위험과 자신의 힘을 비교할 수도 없는 매 순간 그렇다는 말이다. 그와 같은 상황은 모든 일이 대단히 일정한 방식으로 진행되고, 지표면이 그곳에 모여 있는 사람들의 열정과 불안전성이 만들어 낸 갑작스럽고 계속되는 변화에 전혀 지배받지 않는 자연 상태에서는 매우 드물다. 하지만 미개인은 짐승들 사이에서 흩어져 살았고 일찍이 서로 싸우는 처지에 있었으므로 곧 자신과 짐승을 비교한다. 미개인은 짐승을 힘으로는 당할 수 없지만, 재주로는 이겨 낼 수 있다는 것을 아는 까닭에 그들을 더 이상 두려워하지 않는 법을 안다. 대개 미개인들이 다 그렇지만, 튼튼하고 날쌔며 용감한 미개인 하나를 돌과 몽둥이로 무장시켜 곰이나 늑대와 맞서게 해 보라. 위험한 것은 서로 마찬가지겠지만 서로 공격하는 것을 전혀 좋아하지 않는 맹수들은 그런 경험을 하고 나서는 인간들도 자기들처럼 사납다는 것을 깨닫고 쉽게 공격하지 못한다는 것을 여러분도 알 것이다. 인간의 재주보다 실제로 더 강한 힘을 가지고 있는 짐승들과 비교해 보면 인간은 그래도 살아남는 더 약한 다른 종들과 다를 바 없다. 다만 인간은 짐승들 못지않게 달릴 수 있고 상당히 안전한 피난처를 나무 위에서 찾을 수 있는 이점이 있는 까닭에 그들과 마주치게 되면 도망가거나 싸우는 것을 어디서든 선택할 수 있다. 덧붙이자면 자기 자신을 보호하거나 극심하게 배가 고프지 않다면 어떤 짐승도 원래 인간과 싸우지 않는 듯싶다. 또한 어떤 종이 원래부터 다른 종의 먹이가 되도록 태어났음을 말해 주는 것 같은 극심한 적대감을 인간에게 드러내지도 않는 듯싶다.

좀 더 위험한 적들이 있는데, 인간은 타고난 나약함, 유년기와 노년기, 온갖 종류의 질병을 당해 낼 재간이 없다. 그것들은 우리의 나약함의 서글픈 표시인데 앞의 두 가지는 모든 동물에게 공통적인 것이고 마지막 것은 사회생활을 하는 인간에게 주로 해당된다. 내가 보기에 유년기에 어머니는 아이를 어디든지 데리고 다니는 까닭에 동물 암컷들보다 아이를 기르는 것이 훨씬 더 수월하다. 반면에 동물들은 자기 먹이를 찾으면서 젖을 먹이거나 새끼를 기르려고 기진맥진하여 쉴 없이 다닐 수밖에 없다. 사실 어머니가 죽게 되면 아이도 함께 죽을 위험이 상당하다. 하지만 그런 위험은 다른 모든 종에게도 마찬가지이다. 짐승의 새끼들은 오랫동안 스스로 먹이를 찾지 못하는 처지에 있으니 말이다. 인간의 유년기가 더 길지만, 수명 또한 더 긴 까닭에 그 점에 있어서는 모든 것이 거의 동등하다.[7] 비록 유아기 기간과 태어나는 새끼의 수[8]가 다른 규칙을 따르지만, 그것은 내가 다룰 주제가 아니다.

몸을 움직이고 땀을 흘리는 일이 적은 노인들은 식욕이 줄어드는 만큼 음식을 구할 능력도 떨어진다. 그들은 야생의 삶 덕분에 통풍과 류머티즘에 걸리지는 않지만 죽어 가는 것을 남들은 물론 자기 자신도 깨닫지 못한 채 결국 죽고 만다. 노화는 모든 질병 중에서 가장 이겨 내기 어려운 질병이기 때문이다.

질병에 대해서라면 나는 대부분의 건강한 사람들이 치료법에 대해 떠들고 다니는 쓸데없고 거짓된 말들을 결코 되풀이하지 않을 것이다. 하지만 나는 치료법이 가장 소홀하게 다루어지고 있는 나라에서의 인간의 평균수명이, 그런 기술이 가장 세심하게 다루어지는 나라에서보다 더 짧다고 결론지을 수 있는 확고한 견해가 있는지 물으려 한다. 만약 우리가 의술로 치료할 수 있는 치료법보다 더 많은 질병에 걸린다면 그것은 어떤 이유에서일까! 생활 방식에 나타나 있는 극심한 불평등, 어떤 사람은 지독하게 무료하고 또 어떤 사람은 과로에 시달리는 일, 식욕과 관능적 욕구를 자극하고 만족시키는 능력, 변비에 걸리게 만드는 체액을 만들어 내 소화불량으로 괴롭게 하는, 부자들이 지나칠 정도로 찾는 음식들, 대개의 경우 제대로 먹지 못하지만 기회가 있으면 속을 있는 대로 채우게 되는 가난한 사람들의 형편없는 음식들, 밤샘, 온갖 종류의 무절제, 있는 대로의 격정에 따른 터무니없는 흥분, 육체적이고 정신적인 피로, 늘 경험하지만 쉼 없이 영혼을 피폐하게 만드는 무수한 고통과 슬픔 등이 있다. 바로 이런 것들이 우리의 불행은 대부분 자신의 탓이며 우리가 그것을 거의 피할 수 있었을지 모른다는 것에 대한 불행한 증거이다. 자연이 우리에게 부여한 단순하고 변함없으며 고독한 생활 방식을 지켰다면 그런 불행을 피할 수 있었을 텐데 말이다. 만약 우리가 자연에서 건강하도록 태어났다면 인간이 생각을 깊이 하는 것은 자연에 반하는 상태이며 생각을 깊이 하는 인간은 타락한 동물[31]이라고 감히 단언하는 바이다. 미개인이나 적어도 독한 술로 몸을 망치지 않는 사람들의 건강한 체격을 생각해 보면, 또한 그들이 부상이나 노화 말고는 다른 질병이 거의 없다는 사실을 알게 되면, 인간이 겪은 질병의 역사는 문명 세계의 역사를 따라감으로써 쉽게 알수 있을 것이다. 적어도 그것이 플라톤의 생각이다.[32] 그는 트로이 포위전 때 포달레이리오스와 마카온[33]이 썼거나 허용한 몇 가지 약들을 두고 그것이 불러일으킬 수 있는 여러 질병을 당시 사람들은 전혀 몰랐다고 생각했다.

질병의 원인이 거의 없었던 까닭에 자연 상태의 인간은 약이 거의 필요 없었고 치료법은 더욱더 불필요했다. 인간은 이 점에 있어서 다른 짐승들보다 더 나쁜 조건에 있지 않다. 사냥꾼들이 사냥을 하면서 약한 짐승들을 많이 발견하는지 알아보는 일은 어렵지 않다. 이들은 심한 상처를 입고 뼈와 사지까지 부러졌어도 자연 치유 말고는 의사도 없고, 일상생활을 하는 것 외에 별다른 식이요법도 없이 완전하게 치료된 짐승들을 많이 보았다. 이 짐승들은 절개 수술로 고통스러워하고 약물 중독에 빠지며 굶주림으로 기진맥진한 법이 전혀 없다. 결국 잘 처방된 치료법이 우리에게 제아무리 유용하다고 해도, 병이 들어 버려진 미개인이 자연 치유 말고는 전혀 희

---

31 많은 논란을 불러일으킨 도발적인 문장이다. 디드로가 『백과전서』(1751)의 '자연법' 항목에서 기술한, "이성을 사용하여 생각하기를 원하지 않는 인간은 인간의 자격을 저버린 것이며 타락한 동물로 취급되어야 한다"는 문구와 정확히 대척점에 있다.

32 플라톤의 『국가』, 3편 참조.

33 마카온은 그리스 신화에 나오는 의술의 신, 아스클레피오스의 아들이며 트로이 전쟁에 참전하여 여러 사람을 치료하였다.

망이 없다면, 그는 자기 병 말고는 아무것도 두려워할 것이 없는 셈인데 그것은 그의 처지가 우리보다 낫다는 것을 종종 분명하게 말해 준다.

따라서 우리 눈앞에 있는 인간과 미개인을 혼동하지 말아야 한다. 자연은 자신이 돌보아야 하는 모든 짐승을 정성껏 다루는데 그것은 자연이 그 권리를 얼마나 소중히 여기는지를 보여 주는 듯싶다. 말, 고양이, 황소, 당나귀조차 집에 있을 때보다 숲속에서 대부분 더 키가 크고 더 튼튼하며, 더 활력이 넘치고 힘이 세며 대담해진다. 이 짐승들은 가축이 되면 이러한 장점들의 절반은 잃고 만다. 그래서 이 짐승들을 돌보고 먹이는 우리의 온갖 노력이 이들을 도리어 퇴화시키는 결과를 낳은 듯싶다. 인간도 사정은 마찬가지이다. 사회화되고 노예화된 인간은 허약하고 겁 많고 비굴해져서, 나약하고 여성화된 생활 방식으로 인해 힘과 용기를 동시에 잃어버리고 만다. 부언하자면 야생과 길들여진 상태 사이에서는 인간들 사이의 차이가 짐승들 사이의 차이보다 훨씬 더 클 것이다. 왜냐하면 동물과 인간은 자연에서 동등한 대접을 받는 까닭에 인간이 자신이 길들이는 동물들보다 자기 자신에게 더 많은 일체의 편의를 제공하다 보면 그것이 특별한 원인이 되어 스스로를 더 크게 퇴보시키기 때문이다.

따라서 벌거벗고 있는 것과 집이 없는 것, 우리가 그토록 필요하다고 믿는, 불필요한 것들의 결여가 최초의 인간들에게 너무나 큰 불행이었고 특히 그들이 자신들을 보전하는 데 장애가 되었다고 볼 수 없다. 피부에 털이 많이 없지만 더운 지방에서는 그것이 그들에게 문제가 되지 않았고 추운 지방에서는 자신들이 잡은 짐승의 가죽을 곧 손에 넣을 줄 알았다. 그들은 두 다리로만 뛰지만 두 팔로 자신을 지키고 필요한 것들을 구할 수 있었다. 그들의 아이들은 걸음걸이가 늦고 어렵게 배우지만 어머니들은 아이들을 쉽게 안고 다닌다. 이는 어미가 쫓기게 되면 새끼들을 버려야 하거나 걸음을 맞추어야 하는 다른 종들에게는 보기 어려운 장점이다. 요컨대 뒤이어 말하겠지만 결코 일어나지 않았을 수도 있었던 특이하고도 우연한 상황의 일치를 가정하지 않는 한, 의복이나 주거지를 만들어 낸 최초의 인간이 별로 필요하지 않은 것을 만들어 냈다는 사실은 어찌 되었든 명백하다. 왜냐하면 그는 그것들 없이도 그때까지 지내 왔는데, 어린 시절부터 잘 견뎌 왔던 그런 생활을 어른이 되어서는 왜 견딜 수 없었는지 알기 어렵기 때문이다.

혼자 살면서 아무 일도 하지 않고 위험에 노출되어 있는 미개인은 별로 생각이 없었고, 전혀 생각하지 않을 때는 잠만 자는 동물들처럼 잠자는 것을 좋아하고 잠귀가 밝았을 것이다. 그들의 거의 유일한 관심은 자신을 지키는 것이었으므로 그들의 가장 뛰어난 능력은 먹이를 구하기 위해서나 다른 동물들의 먹잇감이 되지 않으려고 공격과 방어를 주목적으로 삼는 그런 능력이었을 것이다. 그것과는 달리 무력함과 관능으로만 완전해지는 기관器官은 조악한 상태에 머물러 있었을 것이고 마음속에는 일체의 섬세함이 결여되어 있다. 그런 점에서 감각은 분열되어 촉각과 미각은 극도로 투박해지고 시각과 청각, 후각은 최대로 민감해졌을 것이다. 일반적으로 동물의 상태가 그러하다. 여행자들의 증언에 따르면 대부분의 미개한 민족들도 마찬가지이다. 그러니 희망봉의 호텐토트족이, 네덜란드 사람들이 망원경으로 볼 수 있을 정도의 먼 바다에서 배를 맨눈으로 찾아낸다고 해서 그리고 아메리카 대륙의 미개인들이 가장 뛰어난 개들과 마찬가지로 스페인 사람들의 자취를 냄새로 안다고 해서 조금도 놀랄 것이 없다. 이런 모든 야만 민족들이 알몸 생활을 잘 견디고 매운 고추로 미각을 돋우며 유럽인들의 술을 물처럼 들이킨다고 해서 놀랄 것도 없다.

지금까지 나는 인간을 육체적으로만 다루었다. 이제는 인간을 형이상학적이고 도덕적 측면에서 보기로 하자.

나는 모든 동물을 정교한 기계로만 본다. 자연은 그 기계가 스스로 작동하고, 그것을 파괴하거나 망가트리려는 모든 것으로부터 어느 정도까지 자신을 보호할 수 있도록 감각을 부여했다. 내가 보기에 인간이라는 기계도 마찬가지인데, 동물의 활동에서는 자연만이 모든 것을 행하는 데 비해 인간은 자유로운 주체로서 자연의 활동에 협력한다는 점에서 차이가 있다. 동물은 본능에 따라 선택을 하거나 물리치고 인간은 자유로운 행동에 따라 그렇게 한다. 따라서 동물은 자신에게 아무리 유리해도 정해진 규칙을 벗어날 수 없고, 인간은 손해가 되어도 흔히 규칙을 지키지 않는다. 그런 이유로 비둘기는 가장 맛있는 고기가 듬뿍 담긴 접시 옆에서 굶어 죽고, 고양이는 과일이나 곡식이 잔뜩 쌓인 접시를 두고 죽기도 한다. 둘 다 먹어볼 생각만 했어도 거들떠보지도 않은 음식으로 잘 먹고 살 수 있었을 텐데 말이다. 그런 식으로 방탕한 인간은 과용 때문에 열병을 얻어 죽게 된다. 정신이 감각을 타락시키고, 자연이 스스로를 드러내지 않을 때도 의지는 여전히 드러나기 때문이다.

모든 동물은 감각을 지니고 있기 때문에 관념을 가지고 있는데, 어느 정도까지는 관념을 결합시키기도 한다. 반면에 인간은 그 점에서 동물과 다소간 차이가 있다. 몇몇 철학자들은 인간과 동물의 차이보다 인간들 사이의 차이가 크다고 주장하기까지 했다. 따라서 동물들과 인간을 특별히 구분 짓는 것은 지적 능력보다는 인간의 자유로운 주체로서의 자질이다. 자연은 모든 동물에게 명령하고 동물은 그것에 복종한다. 인간도 같은 압력을 받지만 받아들일지 거부할지는 자유라는 것을 스스로 알고 있다. 영혼의 영성靈性이 나타나는 것은 특히 이와 같은 자유의 의식에서이다. 왜냐하면 물리학은 감각의 체계와 관념의 형성을 어느 정도 설명할 수 있지만 의지력, 좀 더 정확히 말해 선택 능력과 그 힘의 자각에 있어서는, 역학의 법칙으로는 아무것도 설명하지 못하는, 오로지 정신적인 행위밖에 발견하지 못하기 때문이다.

하지만 이런 모든 문제를 둘러싸고 있는 어려움이 있어 인간과 동물의 차이에 대해 다툼의 여지가 있을지 모르겠다. 그럼에도 이 둘을 구분 짓는 아주 특별한 또 다른 자질이 있는데 그것에 대해서는 이의를 제기할 수 없다. 그것은 스스로를 완성시켜 나가는 능력이다. 그것은 환경의 도움을 얻어 다른 모든 능력을 계속해서 발전시키는 능력이며, 우리는 그것을 종으로서나 개인으로서나 가지고 있다. 반면에 동물은 태어난 지 몇 달 지나지 않아 평생 동안 같은 모습을 지니며, 천년이 지나도 처음 모습 그대로이다. 왜 인간만이 쉽사리 바보 같아지는가? 인간은 원시 상태로 돌아가기 때문이 아닐까? 아무것도 얻지 못하니까 아무것도 잃을 것이 없는 동물은 항상 본능 그대로 머물러 있고, 인간은 노화와 여타의 사고 탓에 자신의 개선 가능성[34] 덕분에 얻은 모든 것을 잃음으로써, 심지어는 짐승보다 더 미천한 상태로 돌아가는 것이 아닐까? 참으로 슬픈 일은 우리가 이런 사실들을 인정하지 않을 수 없다는 것이다. 인간과 동물을 구분 짓는 거의 무한한 이 가능성이 인간의 모든 불행의 근원이고, 고요하고 순수한 나날이 지속되는 태고의 상태에서 시간의 힘으로 인간을 끌어내는 것이며, 수세기 동안 인간의 지식과 오류, 악덕과 미덕을 싹트게 해 놓고 마침내 인간을 자기 자신과 자연에 대한 폭군으로 만들어 놓는다는 것 말이다.[9] 오리노코강 연안에 살고 있는 주민들에게 아이들의 관자놀이에 고정시키는 판자 사용법을 처음으로 제시한 사람을 자비로운 인간인 것처럼 칭찬해야 하는 것은 소름끼치는 일이다. 그 판자 덕분에 적어도 아이들은 어리석음과 최초의 행복의 일부를 보장받고 있으니 말이다.

자연에 의해 오직 본능에 지배당하는 미개인, 보다 정확히 말해 그들에게 결여되어 있을지도 모르는 본능을 우선 보충하고 그다음

---

34 개선 가능성(perfectibilité)은 신조어이다. 인간과 동물의 차이는 인간에게는 자신의 타고난 특성을 바꾸고 개선할 수 있는 능력이 있고, 반면에 동물에게는 그런 능력이 없다는 것이다.

으로 자신을 자연 이상으로 강하게 추켜세울 수 있는 능력으로 그것을 보상받는 미개인은 그래서 순전히 동물적인 기능부터 떠맡기 시작할 것이다.❿ 처음 상태에서는 식별하고 느끼는 것이 전부일 텐데, 그것은 여타의 동물들과 마찬가지일 것이다. 새로운 상황이 새로운 발달을 야기할 때까지는 원하는 것과 원하지 않는 것, 욕망하는 것과 두려워하는 것이 그의 마음속에서 일어나는 최초이자 거의 유일한 작용일 것이다.

모럴리스트들이 무엇이라고 말하든 인간의 지적 능력은 정념에 상당히 많이 빚지고 있으며, 누구나 동의하듯이 정념도 지적 능력에 의지한다. 우리의 이성이 개선되는 것은 그런 활동을 통해서이다. 우리가 무언가를 알려고 애쓰는 것은 그것을 즐기고 싶기 때문이다. 욕망도 두려움도 없는 사람이 왜 이치를 따지고 들려고 애쓰겠는가. 정념도 우리의 욕구에서 나온 것이며 우리의 지식으로 발전한다. 왜냐하면 우리는 자신이 지닐 수 있는 관념 혹은 자연의 단순한 충동에 의해서만 사물을 원하거나 두려워할 수 있기 때문이다. 일체의 지식이 결여되어 있는 미개인은 이 마지막 종류의 정념만을 경험할 따름이다. 그들의 욕망은 육체적인 욕구보다 크지 않다.⓫ 그들이 살면서 알고 있는 유일한 행복은 먹을 것, 암컷, 쉬는 것이다. 그들이 두려워하는 유일한 불행은 고통과 배고픔이다. 나는 고통이라고 말했지, 죽음이라고 하지는 않았다. 동물은 죽는다는 것을 결코 알지 못할 것이기 때문이다. 죽음의 공포를 아는 것은 인간이 동물과 같은 상태에서 벗어났을 때 처음으로 얻는 것 중 하나이다.

필요하다면 나는, 세상의 모든 국민에게 정신의 진보는 그들이 자연에서 받았거나 상황에 따라 그들에게 강요된 필요에 정확히 비례하는 것이고, 따라서 그 필요를 충족시키도록 부추기는 정념에 비례한다는 사실을 통해 그런 의견을 쉽게 증명할 수 있을 것이다. 나는 그것을 이집트에서 나일강의 범람으로 기술이 생겨 퍼져 나가는 것으로 입증할 것이다. 또한 그리스인들에게서 기술의 발전을 따라가면서 보여 줄 것이다. 그리스에서는 기술이 아티카의 사막과 바위 사이에서 싹터서 성장하여 끝없이 뻗어 나갔고, 에우로타스강의 비옥한 연안에서는 뿌리내릴 수 없었다는 것을 알게 될 것이다. 나는 일반적으로 북방 민족들이 남방 민족들보다 더 부지런하다는 사실을 지적하고 싶다. 왜냐하면 자연이 땅이 아닌 정신을 비옥하게 하여 사물을 평등하게 만들려고 한 것처럼 북방 민족은 부지런하지 않고는 살 수 없기 때문이다.

하지만 불확실한 역사적 증거에 기대지 않더라도 모든 정황으로 보아 미개인들은 그런 상태를 벗어나고자 하는 유혹과 수단에서 멀어지고 있는 것 같다는 사실을 누가 모르겠는가? 미개인의 상상력은 아무것도 떠올리지 못하며 그들은 무언가를 요구하는 마음도 가지고 있지 않다. 그들의 보잘것없는 필수품은 손이 쉽게 닿는 곳에 있고, 더 많은 지식을 얻기 위해 필요한 수준의 지식이 모자라기 때문에 예측 능력도 호기심도 가질 수 없다. 자연 풍경은 그들에게는 너무나 친숙한 나머지 관심을 끌지 못한다. 자연은 언제나 같은 질서와 같은 주기에 따라 움직인다. 미개인은 가장 놀라운 일에도 놀랄 줄 모른다. 인간이 매일 본 것을 관찰할 줄 아는 데 필요한 철학을 그들에게서 찾아서는 안 된다. 무엇에도 꿈쩍하지 않는 그들의 마음은 현재의 자기 생활에 대한 생각에만 빠져 있어서 아무리 가까운 미래에 대해서라도 전혀 생각하지 못한다. 그래서 그들은 자신들의 좁은 시야와 다를 바 없는 계획을 세우고 고작해야 하루를 내다볼 수 있을 따름이다. 지금도 카리브 사람들의 예측력은 이 정도이다. 그들은 밤이 되면 필요하리라는 생각을 못 한 채 아침에 면 침구를 팔았다가 저녁에 울면서 그것을 되산다.

이런 문제에 대해 더 심사숙고해 볼수록 우리가 보기에 순수한 감각과 단순한 지식의 차이는 더 커 보인다. 인간이 의사소통의 도움과 필요라는 자극 없이 자신의 힘만으로 이처럼 큰 간격을 어떻게 뛰어넘을지 생각해 내는 것은 불가능하다. 인간이 하늘의 불 말고 다른 불을 볼 수 있기까지는 얼마나 많은 시간이 흘렀는가? 그 원소의 가장 흔한 사용법을 배우는 데 얼마나 많은 우연이 있어야만 했겠는가? 불을 살리는 기술을 얻기까지 얼마나 여러 번 불을 꺼트렸을까? 그 비법을 발견한 사람들은 그것을 알리지 못한 채 얼마나 많이 죽어 갔는가? 수많은 노동과 예측력을 필요로 하는 기술인 농업은 어떠한가. 농업은 또 다른 기술들과 관련이 있고 적어도 한 사회가 이루어져야만 실행이 가능한 기술이며, 땅에서 식량을 얻는데 필요 없는 것이 아니라 우리 입맛에 가장 잘 맞는 식량을 땅에서 생산해 내는 기술이다. 그런데 인구가 크게 늘어 인간이 자연의 생산물만으로 더 이상 충분히 먹고살 수 없게 되었다고 가정해 보자. 말을 하자면 이러한 가정을 통해 인류에게는 이런 생활 방식이 대단히 유리하다는 것을 알 수 있을 것이다. 이런 가정을 해 보기로 하자. 대장간도, 작업장도 없이 농기구가 미개인들의 손에 하늘에서 뚝 떨어지고 그들 모두가 끝없는 노동에 대한 극도의 반감을 이겨 내고, 그들에게 필요한 것을 아주 오래전부터 예측하는 법을 배웠고, 그들이 어떻게 하면 땅을 경작하고 씨를 뿌려 나무를 심는지 알아내고, 밀을 빻고 포도를 발효시키는 기술을 발견했다고 말이다. 그들이 스스로 그런 기술을 배웠을 것으로 생각할 수 없으니, 그들은 이 모든 것들을 신들에게서 배워야 했을 것이다. 어쨌든, 사람이건 짐승이건 간에 수확기에 가장 먼저 찾아온 자가 약탈해 버릴 밭을 경작하는 데 고생할 정도로 바보 같은 사람이 있을까? 자신에게 필요할수록 대가를 얻지 못할 것이 더 분명한데 어느 누가 고된 노동에 일생을 바칠 결심을 할 수 있겠는가? 간단히 말해 그들에게 땅이 분배되지 않고, 즉 자연 상태가 전혀 해소되지 않았는데 어떻게 그런 상황에서 인간이 땅을 경작할 수 있겠는가?

철학자들이 우리에게 가르쳐 주는 것만큼이나 생각하는 기술이 뛰어난 미개인이 있다고 가정해 보자. 철학자들과 마찬가지로 그를 한 사람의 철학자로 여기고, 그가 혼자서 가장 숭고한 진리를 발견하고, 일반적으로 질서에 대한 사랑이나 창조자의 예의 의지에서 비롯된 정의와 이성의 원칙을 대단히 추상적인 일련의 추론으로 생각해 낸다고 말이다. 한마디로 미개인이 머릿속에 지혜와 지식이 있다고 가정해도, 실제로는 둔하고 어리석어서 형이상학을 서로 전할

수 없고 그것을 생각해 낸 자와 더불어 소멸할 텐데, 그런 온갖 형이
상학이 무슨 유용성이 있단 말인가? 동물들과 함께 숲에 흩어져 사
는 인류가 어떻게 발전할 수 있겠는가? 일정한 주거지도 없고 서로
를 필요로 하지도 않으니, 서로 알지도 못하고 서로 말한 적도 없으
며 어쩌면 평생 동안 한두 번 만날까 말까 하는 사람들이 얼마나 스
스로를 발전시키고 서로를 깨우쳐 줄 수 있겠는가?

　우리가 말을 사용함으로써 얼마나 많은 관념에 빚을 지고 있으
며, 문법이 얼마나 정신의 작용을 훈련시키고 촉진시키는지 생각해
보기 바란다. 또한 언어를 처음으로 만들어 내면서 쏟았을 상상하
기 어려운 노력과 엄청난 시간을 생각해 보기 바란다. 이 같은 견해
를 이전의 견해와 결부시켜 보기 바란다. 그리하면 인간의 생각 속
에서 언어가 할 수 있는 작용들을 계속해서 발전시키기 위해서는 얼
마나 많은 세월이 필요했는지 알게 될 것이다.

　언어의 기원에 관한 난제를 잠시 생각하도록 허용해 주기 바란
다. 나는 여기서 콩디야크Condillac[35] 신부가 이 주제에 관해 해 놓은
연구를 인용하거나 전하는 것으로 만족할 것이다. 나는 그 연구를
통해 나의 의견을 완전히 확인하고 어쩌면 언어의 기원에 관한 최
초의 개념을 떠올릴 수 있었다. 다만 확립된 기호의 기원에 관해 이
철학자가 직접 제시한 문제 해결 방식은 내가 문제 삼고 있는 것, 즉

---

[35] 콩디야크(Étienne Bonnot de Condillac, 1714~1780)는 프랑스의 철학자로 관념학파의 창시자이
며 『감각론(Traité des sensations)』(1754)을 저술했다.

언어의 고안자들이 이미 만들어진 일종의 사회를 가정하고 있다는 것을 보여 준다. 그런 이유로 나는 그의 고찰을 참고하면서도 같은 어려움을 나의 주제에 맞는 방향에서 설명하기 위해 나의 고찰을 덧붙여야만 한다고 생각한다. 처음으로 제기되는 어려움은 어떻게 언어가 필요하게 되었는지 생각해 보는 일이다. 왜냐하면 사람들이 전혀 서로 소통하지 않고 그럴 필요성도 없었다면, 언어가 필수적인 것이 아닌 다음에야 그것을 만들어 낼 필요성도 가능성도 생각해 내지 못하기 때문이다. 나는 다른 많은 사람처럼 언어가 아버지들과 어머니들 그리고 아이들 사이의 가족 간 교류에서 시작되었다고 생각하고 싶다. 하지만 그것만으로는 반론에 대한 해결 방안을 조금도 제시해 주지 못하며, 사회에서 얻은 관념을 끌어들이면서 자연 상태에 대해 추론하는 사람들의 잘못을 되풀이할 것이다. 그들은 가족이 항상 같은 거주지에 모여 있다고 생각하고, 그 구성원들은 수많은 공동의 이익에 따라 결합되어 있는 우리와 마찬가지로 친밀하고 영속적인 결합 관계를 유지한다고 생각한다. 반면에 원시 상태에서는 집도, 오두막도, 일체의 재산도 없이 저마다 우연한 기회에 거주하며 종종 하룻밤을 지샐 뿐이다. 수컷들과 암컷들은 만남과 기회가 되면 욕망에 이끌려 우연히 결합하는 까닭에 말은 그들이 이야기를 주고받는 데 필요한 것을 설명해 주지 못했다. 그들은 마찬가지로 쉽게 헤어졌다.[12] 어머니는 처음에는 자신의 필요성 때문에 젖을 물렸다. 그런 다음에는 습관을 들이다 보니 아이들이 사랑스럽게 여겨져서 아이들을 위해 젖을 먹이게 되었다. 아이들은 먹이를 찾을 힘이 생기자마자 곧장 어머니를 떠난다. 그들은 시야에서 벗어나지 않는 것 말고는 다시 만날 방법이 거의 없는 까닭에 곧 서로를 알아보지 못할 지경이 되고 만다. 아이들은 자신의 모든 욕구를 알려야 되기 때문에 결과적으로 어머니가 아이에게 할 말보다 아이가 어머니에게 할 말이 많았고, 따라서 언어를 발명하는 데 더 많은 노력을 기울여야 한 것은 아이였으며 아이가 사용하는 언어는 대부분 자신의 공력이 분명하다는 사실을 주지하기 바란다. 언어는 그것을 말하는 사람들의 수만큼이나 늘어났고 어떠한 고유한 어법도 굳어질 시간을 주지 않는 떠돌이 생활이 그런 현상을 더욱 조장했다. 왜냐하면 아이가 이런저런 것을 어머니에게 요구하려고 사용해야 하는 말을 어머니가 가르쳐 주는 것은, 이미 만들어진 언어를 어떻게 가르쳐 주는지에 대해서는 잘 보여 주지만 언어가 어떻게 형성되는지에 대해서는 전혀 알려 주지 않는 까닭이다.

이 첫 번째 난제가 해결되었다고 가정해 보자. 순수한 자연 상태와 언어의 필요 사이에 있었을 엄청난 간격을 잠시 뛰어넘어 보기로 하자. 언어가 필요했다고 가정하고[13] 어떻게 만들어질 수 있었는지 알아보기로 하자. 이는 앞의 것보다 훨씬 더 어려운 새로운 난제이다. 왜냐하면 인간이 생각하는 법을 배우기 위해 말이 필요했더라면, 그들이 말하는 기술을 발견하기 위해서는 생각할 줄 아는 것이 훨씬 더 필요했을 것이기 때문이다. 어떻게 목소리가 우리의 관념을 관례적으로 대변해 주는 것으로 간주되었는지 이해한다고 해도, 지각되는 대상이 전혀 아닌 까닭에 몸짓으로도 목소리로도 지시

될 수 없는, 관념에 대한 관례적인 대변인이 누구일 수 있는지 알아야 하는 일이 여전히 남아 있을 것이다. 따라서 자신의 생각을 전하고 정신들 사이에서 교류를 맺는 그런 기술의 탄생에 관해서는 용인될 수 있을 정도의 추측을 간신히 할 수 있을 따름이다. 그런 숭고한 기술은 그 기원에서 이미 너무나 멀리 떨어져 있지만, 철학자들은 그것이 완성되기까지는 너무나 엄청난 시간적 거리가 있다고 여전히 생각하고 있기 때문에 언제 완성될 것이라고 단언할 정도로 경솔한 사람은 전혀 없다. 시간이 필연적으로 가져오는 큰 변화가 이 기술에 유리하도록 일시적으로 멈추어 선다고 해도, 아카데미가 편견에서 벗어나거나 그것에 대해 침묵함으로써 이 까다로운 대상에 대해 수세기 동안 쉼 없이 골몰할 수 있다고 해도 말이다.

인간의 최초의 언어, 가장 보편적이고 가장 힘 있는 언어, 모여든 사람들을 설득하는 데 사용되기 전에, 필요했던 유일한 언어는 자연의 외침이다.[36] 이 외침은 큰 위험이 있을 때 도움을 청하거나 극심한 고통 속에서 위로를 청하려고, 다급한 경우 일종의 본능에 의해 터져 나오는 까닭에 보다 절제된 감정이 지배하는 일상생활에서는 빈번하게 쓰이지 않았다. 인간의 관념이 확대되고 증가하기 시작하여 그들 사이에 더 긴밀한 소통이 이루어지면서 그들은 더 많은 기호와 더 광범위한 언어를 찾게 되었다. 그들은 목소리 어조의 변화를 다양하게 만들었고 그것에 몸짓을 덧붙였는데, 몸짓은 본디 표현

---

36 루소는 『에밀』에서 이 외침을 의사소통의 기원으로 보고 있다.

력이 더 풍부하고 그 의미는 이전의 결정에 덜 의존한다. 따라서 그들은 보이면서 움직이는 대상은 몸짓으로 표현하고 청각으로 느끼는 것은 유사한 소리로 나타냈다. 하지만 몸짓은 눈앞에 있는 묘사하기 쉬운 대상과 보이는 행위 말고는 거의 가리키지 못하고 어둡거나 어떤 물체에 가려져 있으면 소용이 없는 까닭에 보편적인 사용법이 못 됐다. 또한 몸짓은 주의를 끌기보다는 주의를 요구하는 까닭에 결국 목소리를 내어 조음하는 것으로 몸짓을 대체할 생각을 했다. 이 같은 조음은 몇몇 관념들과 동일한 관련은 없지만 확립된 기호로서 모든 관념들을 나타내는 데 더 적합했다. 몸짓의 대체는 공동의 동의를 통해서만 이루어질 수 있었으며, 아직 어떤 훈련도 받지 못해 조악한 기관을 가진 인간들에게는 실행하는 것이 상당히 어려운 방식이었다. 뿐만 아니라 완전한 동의에는 동기부여가 있어야 했고 말을 사용하는 것이 확립되기 위해서는 말이 반드시 필요하다고 생각되어야 하기 때문에 그 자체로서 납득하기는 더욱더 어려웠다.

인간의 머릿속에서 그들이 사용한 첫 번째 단어는 이미 만들어진 언어 속에서 사용된 단어들보다 훨씬 더 확장된 의미를 지니고 있었을 것이고, 또한 그들은 언술을 그 구성에 따른 품사로 나눌 줄 몰랐던 까닭에 우선 각 단어에 절 전체의 의미를 부여했을 것으로 생각해야 한다. 그들은 주어와 속사, 동사와 명사를 구분하기 시작했는데, 그것으로 상당한 재능이 발휘된 것이며, 실질 형태소는 처음에는 고유명사뿐이었고, 부정법不定法이 동사의 유일한 시제였다. 반면에 형용사는, 모든 형용사가 추상적인 단어이고 추상화는 별로 자연적이지 않으면서 힘든 작용인 까닭에, 상당히 어렵게 발전했을 것이다.

저마다의 사물은 처음에는 속屬과 종種에 관계없이 특정한 이름을 지니고 있었고, 그것을 처음으로 만들어 낸 사람들은 그 둘을 구분할 수 없었다. 모든 개체는 자연을 묘사했을 때와 마찬가지로 그들의 머릿속에 고립되어 있는 것으로 나타났을 것이다. 어떤 떡갈나무가 A라고 불렸다면 또 다른 떡갈나무는 B로 불렸다. 따라서 지식이 한정되어 있을수록 총 어휘는 늘어 갔다. 이 모든 명명법의 난관은 쉽게 해소될 수 없었을 것이다. 왜냐하면 공통의 총칭적인 명명법으로 여러 존재를 배열하기 위해서는 그것의 속성과 차이를 알아야만 했기 때문이다. 말하자면 관찰과 정의, 즉 그 시대의 사람들이 알 수 있는 것보다 훨씬 더 많은 박물학과 형이상학이 필요했다.

더구나 일반적인 관념은 단어의 도움을 통해서만 정신 속에 들어올 수 있고, 지적 능력은 절節을 통해서만 관념을 파악한다. 그것이 바로 동물들이 그런 관념을 형성할 수 없고 그것에 의존하는 개선 가능성을 결코 얻지 못하는 이유이다. 어떤 원숭이가 한 호두에서 다른 호두로 스스럼없이 가면서, 그런 종류의 열매에 대해 일반적인 관념을 지니고 있고, 그 원형을 두 개의 개체와 비교한다고 생각하는가? 확실히 아니다. 다만 원숭이가 그 호두 중 한 개를 보자 다른 호두에서 얻은 감각이 기억에 되살아나 어느 정도 변화된 그의 눈이 자기가 받게 될 변화를 미각에 알려 주는 것이다. 모든 일반적인 관념은 순수하게 지적인 것이다. 그것에 조금이라도 상상이 끼어들면 관념은 곧장 개별적인 것이 된다. 일반적인 나무의 이미지를 그려 보려고 애쓴다고 해도 여러분은 결코 성공하지 못할 것이다. 여러분은 본의 아니게 나무를 작게 혹은 크게, 잎사귀가 성기거나 무성하게, 옅은 혹은 짙은 색으로 보고 그릴 것이고, 모든 나무에 있는 것만을 보려고 했다면 그 이미지는 더 이상 나무와 흡사하지 않을 것이다. 순수하게 추상적인 존재들도 그와 마찬가지로 눈에 보이거나 언술을 통해서만 머릿속에 떠오른다. 삼각형의 정의만이 여러분에게 그것의 진정한 관념을 심어 줄 것이다. 여러분이 머릿속에 그것을 떠올리자마자 그것은 특정한 어떤 삼각형이지 또 다른 삼각형이 아니며, 여러분은 삼각형을 눈에 띄는 선으로 나타내거나 면에 색을 칠할 수밖에 없다. 따라서 일반적인 관념을 지니기 위해서는 문장으로 표현하고 말을 해야 한다. 왜냐하면 상상력이 멈추자마자 정신은 언술의 도움을 통해서만 나아갈 수 있기 때문이다. 따라서 최초의 고안자들이 그들이 이미 지니고 있던 관념에만 명칭을 부여할 수 있었다면 최초의 명사들은 오직 고유명사들밖에 없었다.

하지만 내가 생각해 내지 못한 방법으로 새롭게 등장한 문법학자들이 그들의 관념을 확장하고 단어를 일반화시키기 시작하자, 고안자들의 무지 때문에 이 방법은 대단히 좁은 범위에 한정되었을 것이다. 그들이 속과 절을 알지 못하여 개체들의 이름을 지나치게 많이 만들어 놓았던 것처럼 이번에는 존재들을 모든 차이에 따라 고려하지 못해서 지나치게 적은 속과 절을 만들었다. 상당히 상세하게 분류하기 위해서는 그들이 지닐 수 있는 것 이상의 경험과 지식이, 사용하기를 원했던 연구와 작업이 필요했을 것이다. 그런데 오늘날에도 지금까지 우리가 관찰한 모든 것을 벗어난 새로운 종이 매일 발견된다면, 사물을 얼핏 보고만 판단했던 사람들이 얼마나 많은 것들을 놓쳤는지 생각해 보기 바란다! 일차적인 강綱과 가장 일반적인 개념에 대해서도 두말할 필요도 없이 그들은 여전히 주목하지 못했다. 예를 들어 우리의 철학자들은 아주 오래전부터 물질, 정신, 실체, 양식, 형상, 운동과 같은 단어들을 사용하면서도 그것을 이해하기가 상당히 어려웠는데, 어떻게 그들이 그런 개념들을 상상하거나 이해했겠는가? 그 단어들과 관련된 관념은 순전히 형이상학적인 것이어서, 그들은 어떤 모델도 자연 속에서 찾지 못했을 것이 아닌가?

나는 여기서 잠시 멈추고, 심사위원들에게 이 논문의 강독을 이쯤 해서 중지해 주기를 청한다. 구체적인 세계와 관련된 명사만의 고안을 기반으로, 즉 가장 발견하기 쉬운 언어의 부분을 근거로 언어가 인간의 모든 사고를 표현하고 불변하는 형태를 이루어 사람들 사이에서 말해져서 사회에 영향을 끼칠 수 있기까지 언어와 관련하여 가야 할 길을 고려해 주기 바란다.

나는 수數⑭와 추상적인 단어, 아오리스트,[37] 동사의 모든 시제, 소사小辭,[38] 통사론 등을 발견하고, 절과 추론을 연결하며, 언술의 모든

---

[37] 아오리스트는 그리스어 동사 시제이며 명확한 시점을 밝히지 않는 과거를 뜻한다.
[38] 접사, 전치사, 접속사, 부정의 부사 등을 뜻한다.

논리를 만들어 내는 데 얼마나 많은 시간과 지식이 필요했는지 숙고해 주기를 간청하는 바이다. 나로서는 점점 가중되는 어려움에 두려움을 느끼며 언어가 전적으로 인간적인 수단을 통해 태어나서 확립될 수 있었다는 사실에 대해 입증할 수 없음을 확신하고 있는데, 그런 어려운 문제들에 대한 논쟁은 그것을 시도하려는 사람에게 맡기려 한다. 언어가 만들어지려면 이미 사회가 존재해야 했는지 혹은 사회가 형성되려면 이미 언어가 고안되어야 했는지 둘 중 어느 쪽이 더 필요했는지에 관한 문제 말이다.

아무튼 이와 같은 기원에 있어서, 적어도 자연은 인간들을 서로의 욕구에 따라 가까워지게 만들고 그들에게 말의 사용을 쉽게 하기 위해 고려한 바가 별로 없었다. 이런 사실로 보아 자연이 그들에게 사회성을 부여하는 데 얼마나 인색했고, 그들이 인간관계를 만들기 위해 행한 모든 일에 기여한 바가 얼마나 적었는지 알 수 있다. 사실 이런 원시 상태에서 원숭이나 늑대가 같은 부류를 필요로 하는 것보다 왜 인간이 또 다른 인간을 더 필요로 하는지 알기란 불가능하다. 그럴 필요가 있었다고 추측하더라도 어떤 동기가 또 다른 인간에게 필요를 느끼게 했는지, 그런 경우라도 어떻게 그들이 서로 조건을 받아들일 수 있었는지 알기는 어렵다. 나는 이런 상태에 있는 인간만큼 비참한 인간은 없다는 이야기가 쉼 없이 되풀이되고 있음을 알고 있다. 내가 증명했다고 믿고 있듯이 수많은 세월이 흐른 다음에야 이런 상태에서 벗어나려는 욕망과 기회가 인간에게 생긴 것이 사실이라면, 그것은 자연을 비난해야지 자연이 그렇게 만든 인간을 비난할 일은 아닐 것이다. 하지만 내가 '비참한'이라는 단어를 잘 이해하고 있다면 그 단어는 아무런 의미가 없거나 고통스러운 결핍과 육체나 정신의 고통을 의미할 따름이다. 그런데 나로서는 마음이 평화롭고 육체가 건강한 자유로운 존재에게 비참함이라는 것이 무슨 의미인지 누가 좀 설명해 주었으면 좋겠다. 내가 궁금한 것은 '그것을 즐기는 사람들에게 문명의 삶이나 자연의 삶 중 어느 쪽이 더 견딜 수 없는 것이 되기 쉬운가?'라는 물음이다. 주변을 둘러보면 자신의 생활에 대해 불평하는 사람들밖에 없으며 그들 중 많은 사람들은 할 수 있는 한 삶을 포기하고, 신과 인간의 법을 다 합쳐도 그 무질서를 막아 내기란 쉽지 않다. 자유로운 미개인이 사는 것이 불만스러워 자살할 생각을 했다는 말을 들어 본 적이 있는지 나는 묻고 싶다. 그러니 좀 더 자만심을 버리고 어느 쪽이 정말로 비참할지 판단해 보기 바란다. 반대로 미개인이 지식에 눈이 멀고 정념으로 고통스러워하며 자신과 다른 처지에 대해 따져 보고 있다면 그 이상 비참한 존재는 없을 것이다. 바로 신의 그지없이 사려 깊은 섭리에 따라, 미개인이 잠재적으로 지니고 있는 능력은 그것을 실행할 기회가 있을 때만 발휘되는 것이며, 그것은 그 능력이 때 이르게 나타나 불필요하여 부담이 되지 않고 그렇다고 뒤늦게 나타나 필요할 때 쓸모없는 것이 되지 않기 위해서이다. 미개인은 자연 상태에서 살아가는 데 있어야 하는 모든 것을 본능 속에만 지니고 있었고, 사회에서 살아가는 데 필요한 것은 발전된 이성 속에 지니고 있었다.

처음 그런 상태에 있던 인간들은 서로 간에 어떤 종류의 도덕적 관계도, 공동의 의무도 없어서 선할 수도, 악할 수도 없었으며, 악덕도, 미덕도 없었다. 이 단어를 물리적인 의미로 보고 개인이 자기 자신을 지키는 데 해가 될 수 있는 성질의 것을 악덕이라고 부르고, 자신을 지키는 데 도움이 될 수 있는 것을 미덕이라고 부른다면 말이다. 이런 경우 자연의 단순한 충동에 가장 잘 따르는 사람을 가장 덕이 높다고 불러야 할 것이다. 하지만 통상적인 의미에서 벗어나지 않은 채, 공정한 저울을 들고 다음의 사실을 검토하기 전까지는 이러한 상황에 대해 우리가 내릴 수 있는 판단을 유보하고 선입관을 갖지 않는 것이 적절하다. 말하자면 문명인들 사이에 악덕보다 미덕이 더 많은지, 그들의 미덕이 악덕이 해로운 것 이상으로 더 돋보이는지, 혹은 그들의 지식의 진보가 그들이 서로에게 행해야 할 선을 배워 감에 따라 서로에게 행하는 악을 충분히 보상하는지, 모든 것을 고려해 볼 때 보편적인 의존관계에 따르고 그들에게 아무것도 줄 필요가 없는 사람들에게 모든 것을 받아야 하는 것보다 누구에 대해서도 두려워해야 할 악도, 기대해야 할 선도 없는 것이 더 행복한 상황은 아닌지 검토해 보아야 한다.

특히 홉스와 같은 결론을 내리지는 말자. 즉 인간은 선善에 대한 어떤 관념도 없으니 원래 악하고, 미덕을 알지 못하는 까닭에 방탕하고, 동포들에 대한 봉사를 의무로 생각하지 않는 까닭에 그것을 항상 거절하며, 자신이 필요한 것을 당연히 제 것이라고 주장하는 권리를 명목으로 자신이 전 우주의 유일한 주인이라고 어처구니없이 생각한다는 것 말이다. 홉스는 자연법의 모든 근대적 정의에 나타나 있는 결함을 대단히 잘 알고 있었다. 하지만 그가 자신의 정의에서 끌어낸 결과는 그 역시 그것을 잘못된 의미로 해석하고 있음을 보여 준다. 홉스는 자신이 정한 원리에 대해 추론하면서, 자연 상태는 우리의 보존을 위한 관심이 타인의 보존에 가장 해가 덜 되는 상태인 까닭에 그런 상태는 결국 평화에 가장 걸맞고 인류에 가장 바람직한 것이라고 말했어야 했다. 그는 미개인의 보존을 위한 노력에 사회적 산물이며 법을 필요하게 만든 수많은 정념을 만족시키고자 하는 욕구를 까닭 없이 끼워 넣은 까닭에 정반대의 것을 말하고 말았다. 그는 말하기를 악인은 튼튼한 아이라고 했다. 미개인이 튼튼한 아이인지 아직 알기는 어렵다. 그의 생각에 동의한다고 해도 그는 그것에서 어떤 결론을 낼 것인가? 그가 건장하다고 해도 그가 약할 때와 마찬가지로 다른 사람에게 의존한다면 별별 지나친 행동이라도 할 것이다. 그는 젖을 너무 늦게 준다며 어머니를 때릴 것이고, 어린 동생들이 성가시다고 목을 조를 것이며, 다른 사람의 다리와 부딪치거나 거치적거린다고 다리를 물어 버릴 것이다. 다만 건장하면서도 의존적이라는 것은 자연 상태에서 두 가지 모순된 가정이다. 인간은 의존적일 때 허약하고 자유롭게 되어야 강건해진다. 홉스가 알지 못했던 것은 법률가들이 주장하듯이 미개인들에게 이성을 발휘하지 못하게 만드는 이유가, 그 자신도 그런 주장을 한 것처럼, 동시에 그들의 능력을 마음껏 사용하지 못하게 한다는 사실이었다. 그러므로 미개인이 선한 것이 무슨 의미인지 알지 못하는 까닭에 그들은 악하지 않다고 말할 수 있을 것이다. 왜냐하면 그들이 악행을 하지 못하게 만드는 것은 지식의 발전도, 법률의 규제도 아닌 정념의 침묵과 악덕에 대한 무지이기 때문이다. "어떤 사람이 악덕을 모르는 것은 다른 사람이 미덕을 아는 것보다 더 유익하다."[39] 홉스가 전혀 깨닫지 못한 원리가 있는데, 그것은 어떤 상황에서 인간의 가차 없는 이기심이나 그 이기심[15]이 생기기 전에 자신을 유지하고자 하는 욕구를 누그러뜨리기 위해 인간에게 주어진 원리이다. 이 원리에 따라 인간은 자신의 동류가 겪는 고통을 보는 것에 대한 타고난 거부감에서 자신의 행복에 대한 열망을 억제한다. 인간의 미덕을 극단적으로 비방하는 사람을 인정할 수밖에 없었던 유일한 자연적인 미덕을 받아들인다고 해서 내가 걱정할 만한 어떤 모순도 없다고는 생각하지 않는다. 나는 우리와 마찬가지로 약하고 수많은 불행을 겪기 쉬운 존재들에게 걸맞은 성향인 연민에 대해 말하고 있다. 연민은 일체의 반성反省의 관례에 선행하는 것인 까닭에, 인간에게 더 보편적이고 더 유익한 미덕이며, 너무나 자연스러운 것이어서 동물들에게서조차 종종 눈에 띄게 나타난다. 새끼에 대한 어미의 애정과 새끼를 보호하려고 어미가 위험을 무릅쓰는 것은 말할 것도 없이, 말들이 굴러떨어진 사람을 밟지 않으려고 하는 모습은 늘 있는 일이다. 동물은 죽은 동류 곁을 아무렇지 않게 지나가는 법이 전혀 없다. 심지어는 일종의 매장을 해 주는 동물도 있다. 도살장에 끌려가는 가축의 슬픈 울음소리는 끔찍한 광경에서 그 짐승이 받은

---

39 유스티니아누스, 『역사』, 2권, 2장의 구절이다.

인상을 알려 준다. 『꿀벌의 우화』의 저자[40]는 인간을 동정적이고 정이 많다고 인정하지 않을 수 없게 되었는데, 우리는 그가 그 사례로 죄수의 비장한 모습을 우리에게 보여 주고자 냉철하고 섬세한 문체를 벗어나는 것을 기쁘게 바라본다. 죄수는 맹수가 어머니의 품에서 아이를 낚아채어 연약한 사지를 치명적인 이빨로 물어뜯고 아이의 꿈틀거리는 내장을 발톱으로 찢는 것을 밖에서 지켜본다. 아무리 그의 개인적인 관심사가 아니라고 하더라도 이런 장면을 목격하고 어떻게 끔찍한 동요가 일지 않겠는가? 실신한 어머니와 숨이 넘어가는 아이에게 아무런 도움도 주지 못하는데 그것을 보고서 어찌 고통을 느끼지 않겠는가?

이것이 바로 일체의 성찰에 선행하는 자연의 순수한 동요이며, 가장 타락한 풍속도 소멸시키기 어려운 타고난 연민의 힘인 것이다. 왜냐하면 자기 위치에서는 적에게 극심한 고통을 주었을 폭군도 극장에서는 불쌍한 사람의 불행을 두고 측은하게 여기며 눈물을 흘리는 광경이 종종 목격되기 때문이다. 맨더빌Bernard Mandeville은 만약 자연이 인간에게 이성을 뒷받침하기 위해 연민을 부여하지 않았더라면 온갖 도덕을 갖추고 있다고 해도 인간은 그저 괴물에 불과했다는 사실을 잘 의식하고 있었다. 하지만 그는 인간에게 동의하고 싶지 않은 모든 사회적 미덕이 실은 이 유일한 품성에서 비롯된 것

---

40 맨더빌(Bernard Mandeville, 1670~1733)은 영국의 의사이며 『꿀벌의 우화』(1714)를 썼다. 그는 악덕이 경제를 살리고 공공의 번영을 가져오는 원동력이라고 주장했다.

임을 알지 못했다. 사실 관대함과 너그러움, 인간애가 약자들과 죄인들 혹은 인류 일반에 대한 연민이 아니면 과연 무엇이겠는가? 호의와 우정까지도 잘 생각해 보면 특정한 대상에 쏟는 변함없는 연민의 산물인 것이다. 왜냐하면 어떤 사람이 조금도 고통받지 않기를 바라는 것과 그가 행복하기를 바라는 것은 서로 다르지 않기 때문이다. 동정심은 우리를 고통받는 사람의 입장이 되어 보게 만드는 감정에 불과하며 미개인들에게는 잘 알려지지 않았지만 분명한 것이고 문명인들에게는 발달했지만 약한 감정인 것이 사실일 것이다. 그런 생각이 내 말의 진실성에 힘을 더 실어 주는 것 말고 무엇이겠는가? 사실 동정심은 지켜보는 짐승이 고통을 겪는 짐승과 긴밀하게 교감을 느낄수록 더 강해질 것이다. 그런데 그런 일체감은 이성적 사유의 상태보다 자연 상태에서 대단히 밀접할 것이다. 이기심을 만들어 내는 것은 이성이며 그것을 견고하게 만드는 것은 반성이다. 바로 반성 덕분에 인간은 자기 자신을 돌아보고, 자신을 고통스럽게 하고 괴롭히는 모든 것에서 벗어난다. 인간을 고립시키는 것이 바로 철학이며, 인간은 철학으로 인해 고통을 겪는 사람을 보고 "당신이 원하면 죽으시오, 나는 무사하니까"라고 몰래 중얼거린다. 철학자의 단잠을 깨워 침대에서 일어나게 만드는 것은 사회 전체의 위험들 말고는 없다. 우리는 철학자의 창가에서 그의 동료를 아무 탈 없이 목을 베어 죽일 수도 있다. 철학자는 그저 두 손으로 귀를 막고 조금만 이치를 따져 보아도 살해되는 사람과 공감하려고 자기 마음속에서 저항하는 자연을 억누를 수 있다. 미개인은 이런 놀라운 재능이 조금도 없다. 또한 지혜와 이성이 없는 까닭에 인류가 처음으로 가지게 된 감정에 무턱대고 빠져든다. 소요가 일어나고 거리에서 싸움이라도 벌어지면 하층민은 모여들지만 신중한 사람은 피해 버린다. 싸움꾼들을 떼어 놓고 멀쩡한 사람들이 서로 목을 조르지 못하게 막는 것은 하층민들과 시장의 아낙네들이다.

따라서 연민이 자연스러운 감정이고, 각 개인에게서 자기애의 작용을 완화시켜 종 전체의 상호적인 보존에 기여하는 것은 분명하다. 연민이 있기 때문에 우리는 고통을 겪는 사람들을 보고 깊은 생각 없이 도우려 하는 것이다. 연민은 자연 상태에서 법과 풍속, 미덕을 대신하며 누구도 그 온화한 목소리에 거역하려 하지 않는다는 우월성을 지니고 있다. 또한 연민이 있어, 모든 건장한 미개인은 다른 곳에서 먹이를 구할 수 있다는 기대가 있는 한, 약한 아이나 몸이 불편한 노인이 어렵게 구한 식량을 빼앗지 않는다. 연민은, "무엇이든지 남에게 대접을 받고자 하는 대로 너희도 남을 대접하라"[41]라는 합리적인 정의의 저 숭고한 격언 대신 "가능하면 남에게 해를 끼치지 말고 너를 행복하게 하라"라는, 완전함은 훨씬 덜하지만 어쩌면 더 유용한 자연적인 선함의 또 다른 격언을 모든 사람의 마음속에 품게 한다. 한마디로 교육의 원칙과는 무관하다고 하더라도 모든 인간이 악을 행하고 느낄 혐오의 이유는 치밀한 논거보다는 오히려 그런 자연적인 감정 속에서 찾아야 한다. 이성으로 미덕을 얻는 것은 소크

41 「마태복음」, 7장, 12절과 「누가복음」, 6장, 31절에 나오는 말이다.

라테스나 그와 같은 부류의 사람들에게 가능한 일이지만 만약 인류의 보존이 구성원들의 이성적 사유에만 달렸다면 벌써 오래전에 인류는 소멸했을 것이다.

별로 활발하지 않은 정념과 무척 이로운 자제력을 지녔던 사람들은 악독하기보다는 거칠었고 타인에게 고통을 주는 것보다는 그에게서 받을 수 있는 고통으로부터 자신을 지키는 데 더 신경을 썼던 까닭에 위험한 다툼에 휘말리지 않았다.[42] 그들은 서로 간에 어떤 교류도 없었던 까닭에 허영심도, 배려심도, 존중도, 멸시도 알지 못했다. 그들은 자기 것과 남의 것에 대한 개념이 전혀 없었고 정의에 대한 진정한 관념도 몰랐다. 그들은 폭력을 당하게 되면 쉽게 배상받을 피해이지 처벌이 필요한 모욕이라고는 생각하지 않았다. 그들은 돌을 던지면 그것을 무는 개처럼 기계적이고 즉각적인 반응이 아니고서야 복수를 생각조차 하지 않았다. 그들이 벌이는 싸움은 먹을 것처럼 민감한 문제가 전혀 아니라면 피를 흘리는 결과를 가져오는 경우는 드물었다. 하지만 더 위험한 일이 하나 생각나는데 그 이야기를 해야겠다.

인간의 마음을 뒤흔드는 정념 가운데 이성異姓을 필요로 하는 불꽃같고 격렬한 것이 있다. 그 무서운 정념은 모든 위험에 맞서고 모든 장애물을 쓰러트리는데, 인류를 보존하려는 것이 극도의 열광 속에서는 인류를 파멸시키기 십상이다. 만약 인간들이 이 광적이고

---

42 홉스의 생각과는 완전히 상반되는 진술이다.

난폭한 열정에 사로잡혀 부끄러움도 절제도 없이 피를 흘리며 사랑을 차지하려고 서로 다툰다면 과연 어떻게 될 것인가?

우선 정념이 격렬해지면 격렬해질수록 그것을 억누르려는 법이 필요하다는 것에 동의해야만 한다. 하지만 정념이 우리들 사이에서 날마다 일으키는 무질서와 범죄는 이 점에서 법이 충분하지 않다는 사실을 보여 줄 뿐 아니라 그 무질서가 법 자체와 더불어 태어난 것은 아닌지 따져 봐야 할 것이다. 왜냐하면 법이 무질서를 억누를 수 있다고 해도 우리가 그것에 대해 기대할 수 있는 것은 법이 없으면 전혀 존재하지 않았을 악을 막아 주는 것 말고는 아무것도 아니기 때문이다.

사랑의 감정 속에서 육체적인 것과 정신적인 것을 구분하는 것으로 시작하기로 하자. 육체적인 것은 이성을 서로 결합시키는 보편적인 욕구이다. 정신적인 것은 욕구를 결정하고 그것을 절대적으로 오직 하나의 대상에 묶어 두거나 적어도 좋아하는 그 대상을 위해 더 높은 정도의 기력을 쏟는 것이다. 그런데 사랑에 있어 정신적인 것은 사회적 관례에서 생긴 인위적인 감정이며, 여성들이 영향력을 발휘하고 복종해야 할 성性[43]을 우월하게 만들기 위해 갖은 기교와 정성으로 찬양하는 감정이기도 하다는 사실을 쉽게 알 수 있다. 이 감정은 미개인이 전혀 지닐 수 없는 가치나 미에 대한 관념에, 또한 그가 전혀 할 수 없는 비교에 근거를 두고 있는 까닭에 그에게는

---

43 루소는 여성의 순종을 말하면서 여성과 남성 사이의 '자연적인 불평등'을 인정하고 있는 듯싶다.

거의 무가치할 것이다. 왜냐하면 미개인의 정신이 부지불식간이라도 그런 관념의 적용에서 비롯된 규칙성과 조화라는 추상적인 관념을 만들어 낼 수 없었던 것처럼, 그의 마음은 감탄과 사랑의 감정에 대해서도 전혀 그렇게 할 수 없었기 때문이다. 미개인은 자신이 자연에서 얻은 관능적인 욕구에만 반응하고 자신이 얻을 수 없는 취향에 대해서는 그렇지 못하다. 그래서 그는 여자라면 모두 다 좋다.

사랑의 육체적인 면에만 치우쳐 있어서 그 감정을 자극하고 어려움을 크게 만드는 그런 선택이 무엇인지 모를 정도로 행복한 사람들은 열렬한 관능적인 욕구를 빈번하게 그리고 강렬하게 느끼지 못할 것이다. 따라서 그들은 서로 싸우는 법도 드물고, 싸운다 해도 그다지 잔인하지 않다. 우리를 상당히 피폐하게 만들 법한 상상력이 미개인의 마음속에서는 전혀 발휘되지 않는다. 저마다 자연의 충동을 평화롭게 기다려 맹렬하기보다는 쾌락에 사로잡혀 곧장 그것에 빠져든다. 욕구가 충족되면 모든 욕망은 꺼져 버린다.

따라서 다른 모든 정념과 마찬가지로 사랑도 인간들을 흔히 불행하게 만드는 저 격렬한 열정을 사회에서 얻었다는 것만큼은 부인하기 어렵다. 그런 이유로 미개인들을 그들의 야수성을 충족시키기 위해 끊임없이 서로를 죽이는 자들로 묘사하는 것은, 그런 견해가 경험과 완전히 상반되는 까닭에 더 우스꽝스럽다. 현존하는 모든 민족 가운데 지금까지 자연 상태와 가장 가까이 살고 있는 카리브인들은 정념을 정력적으로 항상 불러일으키는 듯싶은 뜨거운 기후에 노출되어 살고 있으면서도 그들의 사랑은 분명 평온하고 질투를 부르지 않으니까 말이다.

여러 종류의 동물들 가운데 수컷들은 호시탐탐 암컷을 서로 차지하려고 사육장을 피로 물들이고 봄철이면 숲속에서 포효하는데, 이들의 싸움에서 자연이 양성의 상관관계가 있는 힘을 두고 우리 인간과는 다른 관계를 명백하게 세워 놓은 모든 종은 우선 배제시켜야 한다는 결론을 끌어낼 수 있을 것이다. 따라서 수탉의 싸움에서 얻은 결론을 인류에게 적용하는 것은 전혀 맞지 않다. 암수의 비율이 더 잘 지켜지는 종에서 이런 싸움의 원인이 될 수 있는 경우는 수컷의 수에 비해 암컷이 부족하거나 암컷이 일정한 기간 말고는 수컷의 접근을 지속적으로 거부할 때인데 이 두 번째 원인은 결국 첫 번째 원인과 같다. 왜냐하면 암컷 하나하나가 일 년에 두 달 동안만 수컷을 받아 준다면 그것은 암컷들의 수가 6분의 5로 준 것이나 마찬가지이기 때문이다. 그런데 이 두 경우 모두 인류에게 적용하지는 못한다. 인류는 일반적으로 여자의 수가 남자의 수보다 더 많고, 미개인들 사이에서도 여자에게 다른 종들의 암컷들처럼 발정기와 휴지기가 있는 것이 전혀 관찰되지 않는 까닭이다. 게다가 이 동물들 중 여러 종은 전체가 동시에 흥분 상태에 빠져드는 까닭에 함께 격렬해지고 동요하고 뒤죽박죽이 되어 싸움을 벌이는 무시무시한 순간이 찾아온다. 다만 결코 주기적으로 사랑을 나누는 법이 없는 인류에게는 일어나지 않는 일이다. 따라서 암컷들을 차지하기 위한 어떤 동물들의 싸움에서 자연 상태의 인간에게도 같은 일이 일어날지 모른다는 결론을 내릴 수는 없다. 그런 결론을 내릴 수 있다고 하더라도 그런 갈등으로 다른 종들이 멸종되는 것은 결코 아닌 까닭에 최소한 그것이 우리 인류에게 더 이상 해롭지 않을 것이라고 생각해야 한다. 또한 그 분쟁이 사회에서보다 자연에서 폐해를 덜 일으킬 것임은 매우 자명하다. 특히 풍습이 아직 상당한 수준으로 존중되고 있으면서 연인의 질투나 남편들의 복수가 날마다 결투와 살인 그보다 더 나쁜 일을 불러일으키는 나라들에서, 영원한 정절의 의무가 그저 간통을 저지르게 하는 나라들에서, 정조와 명예의 법 그 자체가 필연적으로 방탕을 부추기고 낙태를 증가시키는 나라들에서는 그렇다는 말이다.

이런 결론을 내릴 수 있을 것이다. 즉 미개인들은 일을 하지 않고 집도 없으며, 싸움도 교류도 없었고, 동료를 해칠 욕구가 없는 것처럼 그를 전혀 필요로 하지도 않고 결코 누구도 개인적으로 만나지 않은 채 숲속을 돌아다녔을 것이다. 미개인들은 별로 정념에 지배되는 법 없이 자족했던 까닭에 그런 상태에 걸맞은 감정과 지식만을 가지고 있었다. 또한 그는 자기가 정말 필요한 것만을 느꼈고 자기가 보고 싶다고 생각하는 것만을 보았다. 그의 지능은 그의 허영심만큼이나 발달하지 못했다. 설사 우연히 무언가를 발견한다고 해도 그는 자기 자식들조차 알지 못하는 까닭에 그것을 전수할 수 없었다. 기술은 발명자와 함께 사라지고 말았다. 교육도 발전도 없었고 세대가 무용하게 늘어났을 뿐이다. 세대는 저마다 같은 지점에서 출발했으므로 첫 세대가 지녔던 조악함은 수세기 동안 계속되었고, 종은 이미 노후되었어도 인간은 항상 어린아이 그대로 머물러 있었다.

내가 이런 원시 상태의 가설을 이토록 오랫동안 자세히 설명한 이유는 깨트려야 할 오랜 오류와 뿌리 깊은 편견들이 있는 까닭에 그것을 뿌리까지 파헤치고, 자연적인 불평등조차 저자들이 주장하는 정도의 현실성과 영향력과는 얼마나 거리가 있는지, 진정한 자연 상태의 그림 속에서 보여 주어야 한다고 생각했기 때문이다.

사실 인간들을 구분하는 차이 가운데 몇몇은 자연적인 것으로 여겨지는데, 그것은 단지 습관의 산물이고 인간들이 사회에서 정한 다양한 생활양식의 결과임을 쉽게 알 수 있다. 따라서 튼튼한 혹은 허약한 체질인지, 그 결과인 힘이 센지 약한지 여부는 최초의 체질보다는 강인하게 혹은 유약하게 양육하느냐에 따라 결정되는 경우가 많다. 정신력도 마찬가지인 것이 교육이 교양을 갖춘 정신과 그렇지 않은 정신 사이에서만 차이가 있는 것은 아니라 교양을 갖춘 정신 사이에서도 교양에 비례하여 차이가 커진다. 거인과 난쟁이가 같은 길을 걷더라도 그들이 서로 걸음을 옮길 때마다 거인에게 유리해지는 까닭이다. 그런데 시민적 삶에서 여러 계층을 지배하고 있는 교육과 생활 방식의 놀라운 다양성을, 모두가 같은 먹이를 먹고 같은 방식으로 살며, 어김없이 같은 일을 하는 동물과 미개인의 단순하고 단조로운 생활과 비교해 볼 수 있을 것이다. 그러면 인간들 사이의 차이가 사회 상태에서보다 자연 상태에서 얼마나 적은지, 자연의 불평등이 제도의 불평들 때문에 인류에게 얼마나 커졌는지 이해할 수 있을 것이다.

하지만 자연이 인간에게 혜택을 주면서 흔히 말하는 편애를 드러

낸다고 하더라도 그들 사이에서 거의 어떤 종류의 관계도 인정하지 않는 상태라면 가장 특혜를 받은 사람이 타인들에게 피해를 주면서까지 어떤 이익을 얻을 수 있겠는가? 사랑이 전혀 없는 곳에서 아름다움이 무슨 소용이 있단 말인가? 전혀 말을 하지 않는 사람들에게 재기가 무슨 쓸모가 있고, 전혀 거래를 하지 않는 사람들에게 속임수가 무슨 소용이란 말인가? 내가 항상 듣는 말이지만 강자들은 약자들을 억압한다. 그런데 억압이라는 말이 무슨 의미인지 설명을 듣고 싶다. 어떤 사람들이 폭력으로 지배하면 또 다른 사람들은 그들의 갖은 변덕에 굴복하여 괴로워할 것이다. 이것이 바로 내가 우리 사회에서 관찰한 바이다. 하지만 복종과 지배가 무엇인지 이해시키기조차 어려운 미개인들에 대해서는 어떻게 말할 수 있을지 모르겠다. 어떤 사람이 남이 따 온 과일과 그가 잡아 온 사냥감, 안식처로 사용하는 동굴을 빼앗을 수는 있을 것이다. 하지만 그가 어떻게 남을 복종까지 시킬 수 있겠는가? 아무것도 소유하지 못한 사람들에게 어떻게 종속이라는 쇠사슬을 엮을 수 있겠는가? 만약 내가 한쪽 나무에서 쫓겨난다면 다른 쪽 나무로 가면 그뿐이다. 만약 내가 어떤 장소에서 괴롭힘을 당한다면 다른 곳으로 간다고 해서 누가 막겠는가? 나보다 엄청나게 힘이 세고 게다가 상당히 타락하고 게으른데다 사납기까지 한 어떤 사람이 있는데, 자신은 아무 일도 하지 않으면서 자기를 먹여 살리라고 나에게 강요할 수 있을까? 그렇게 하려면 그는 한순간도 시야에서 나를 놓치지 않고 자는 동안에도 엄청나게 정신을 곤두세우고 나를 묶어 둘 각오를 해야 한다. 내가 달아

나거나 그를 죽일지도 모르니 말이다. 그러니까 그는 자신이 피하려는 고통과 나에게 가하려는 고통보다 훨씬 더 큰 고통을 기꺼이 무릅써야만 한다. 그럼에도 그가 한시라도 경계를 늦춘다면? 그가 낯선 소리를 듣고 고개를 돌린다면? 나는 스무 걸음쯤 숲속으로 달아나고 사슬은 끊어질 것이며 그는 나를 영원히 보지 못할 것이다.

이런 세세한 이야기를 열거하지 않아도 속박 관계는 인간들의 상호적인 의존관계와 그들을 결합시키는 상호적인 필요성 없이는 형성되지 않는 까닭에 어떤 사람을 다른 사람 없이도 지낼 수 있는 상황에 두지 않는 한 그를 복종시키는 것이 불가능하다는 사실을 각자는 알아야 한다. 자연 상태에서는 이런 상황이 존재하지 않는 까닭에 각자는 속박에서 자유롭고 강자의 법은 쓸모없는 것이 된다.

불평등은 자연 상태에서는 거의 느낄 수 없고 그 영향도 거의 없다는 사실을 증명했으므로 나는 불평등의 기원과 심화를 인간 정신의 지속적인 발달에서 밝혀야 할 것이다. 또한 '개선 가능성'과 사회적 미덕, 자연인이 잠재적으로 받은 또 다른 능력들은 그 자체로는 결코 발전할 수 없었으며, 그것을 위해서는, 결코 일어나지 않을 수 있었지만, 그것이 없었다면 인간이 영원히 원시 상태에 머물렀을 것으로 생각되는, 여러 외부적인 원인의 우연한 협력이 필요했다는 것을 밝혀냈다. 따라서 나는 종을 손상시켜 인간 이성을 개선하고 인간에게 사회를 이루게 하여 악하게 만들며, 너무나 멀리 떨어진 한쪽 끝에서 마침내 우리가 보고 있는 지점까지 인간과 세계를 이끌어 올 수 있었던 여러 우연을 검토하고 비교해 볼 것이다.

내가 서술해야 할 사건들은 여러 방식으로 일어날 수 있으므로 추측 말고는 다른 선택이 있을 수 없었음을 고백하는 바이다. 하지만 그런 추측은 그것이 사물의 본성에서 끌어낼 수 있는 가장 그럴법한 것이고 진리를 발견할 수 있는 유일한 수단일 때 논거가 될 뿐만 아니라, 내 추측을 통해 이끌어 내려는 결론이 억측에 불과하지는 결코 않을 것이다. 왜냐하면 내가 세운 원리들에 기초해서는, 내게 같은 결과를 제공하지 않고 내가 같은 결론을 끌어낼 수 없는 어떤 다른 체계도 만들어 낼 수 없기 때문이다.

이것으로써 나는 다음과 같은 문제들에 관한 견해를 더 언급하지 않아도 될 것이다. 즉 시간이 흐르면 빈약한 사건들의 진실성이 보완된다는 것, 아주 사소한 원인도 그것이 끊임없이 작용하면 놀라운 힘이 생긴다는 것, 어떤 가설들은 사실과 같은 정도의 확실성을 얻지는 못하지만, 그것을 깨트리는 것은 불가능하다는 것, 두 사실을 모르거나 그런 것으로 간주되는 일련의 매개 사실을 통해 연결되어야 하고, 실재하는 것으로 주어졌을 때, 그것을 연결하는 사실들을 제시하는 것은, 역사의 몫이며 그렇지 못한 경우 그것들을 연결할 수 있는 유사한 사실들을 결정하는 것은 철학의 일이라는 것이다. 마지막으로 여러 사건과 관련하여 유사성은 우리가 생각하는 것보다 훨씬 더 적은 수의 다른 분류로 사실들을 축소시킨다는 것이다. 나는 이런 주제를 검토하도록 심사위원들에게 제공하기만 하면 된다. 그래서 일반 독자들이 그것을 검토하지 않는 것만으로도 충분하다.

2부

　최초의 인간은, 땅에 울타리를 쳐 놓고 "내 땅이야"라고 말할 생각을 하고 사람들도 그 말을 믿을 정도로 순진하다고 생각했는데, 그가 문명사회의 실제 창시자이다. 말뚝을 뽑아내고 토지의 경계로 파 놓은 도랑을 메우며 동료들에게 "저런 사기꾼이 하는 말은 듣지 마시오. 과일은 여러분 모두의 것이고 땅은 누구의 소유도 아니라는 사실을 잊는다면 여러분은 몰락할 것이오"라고 소리친 사람이 있었다면 그는 얼마나 많은 죄악과 전쟁, 살인, 비참함과 공포로부터 인류를 구해 낸 것인가. 하지만 그 당시는 상황이 이전과 같이 더 이상 지속될 수 없는 정도에까지 이미 이른 듯싶다. 왜냐하면 이 소유 관념은 연속적으로 생겨날 수밖에 없었던 이전의 많은 관념에 의존하는 까닭에 인간의 정신 속에서 단번에 형성되지 않았기 때문이다. 자연 상태의 그 마지막 지점에 이르기까지는 수많은 진보와 기술, 지식을 필요로 했고 그것을 다음 세대에 전하고 발전시켜야 했다. 따라서 문제를 처음부터 다시 짚어 보고 가장 자연적인 순서에 따라 서서히 연속적으로 발생한 사건들과 지식을 단 하나의 관점에서 수집해 보도록 노력해 보자.

인간의 최초 감정은 자신의 생존에 관한 것이었고, 최초의 관심은 자신의 보존에 관한 것이었다. 땅이 준 산물은 인간이 필요로 하는 모든 도움을 주었고, 인간은 본능적으로 그것을 사용했다. 인간은 굶주림과 그 밖의 욕구를 통해 다양한 생존 방식을 차례로 경험했는데, 자기 종을 존속시키는 방식이 그중 하나였다. 마음에서 생겨난 일체의 감정이 없는 이러한 맹목적인 성향은 오로지 동물적인 행위만을 만들어 냈다. 욕구를 충족시키면 남녀는 더 이상 서로에게 관심을 두지 않았고, 어머니로서는 아이가 자신이 없어도 살아갈 수 있게 되면, 아이조차 곧바로 아무런 관계도 없는 존재가 되었다.

막 태어난 인간의 조건은 이와 같았고, 처음에는 순수한 감각에 갇혀 자연이 그에게 준 선물을 거의 이용하지 않았으며, 그것에서 무엇이고 빼앗을 생각을 하지 않는 동물 같은 삶을 살았다. 하지만 곧 어려움이 생겼고 그것을 이겨 내는 법을 배워야 했다. 나무가 높아 열매를 따 먹지 못하고 그것을 먹기 위해 동물들과 다투어야 하며 목숨을 노리는 사나운 동물들과 맞서야 하는 어려움이 있어 신체를 단련하는 데 힘써야 했다. 민첩한 동작과 빨리 달리기, 싸움에서의 용맹함이 필요했다. 나뭇가지와 돌 같은 자연에서 얻은 무기가 곧 손에 들어왔다. 그는 자연의 장애물을 극복하는 법과 필요하면 다른 동물들과 싸우는 법을 배웠으며, 인간들과도 먹이를 두고 싸우고 더 강한 자에게 양보해야만 했던 것을 벌충하는 법도 배웠다. 인류가 늘어남에 따라 어려움도 증가했다. 땅과 기후, 계절의 차이 때문에 생활 방식이 달라질 수 있었다. 오랜 세월 동안의 가뭄, 길고 혹독한 겨울, 모든 것을 태워 버리는 타는 듯한 여름 때문에 그들은 새로운 일을 찾아야만 했다. 그들은 바다와 강을 따라 살면서 그물과 낚시를 만들어 냈고 어부가 되어 물고기를 먹는 부족이 되었다. 그들은 숲에서는 활과 화살을 만들어 냈고 사냥꾼과 무사가 되었다. 그들은 추운 지방에서는 자신들이 잡은 짐승의 가죽으로 옷을 만들어 입었다. 그들은 벼락과 화산 혹은 어떤 우연한 행운 덕분에 불을 발견하게 되어 그것을 혹독한 겨울을 이겨 낼 새로운 방편으로 삼았다. 그들은 이 원소를 보존하고 다시 일으키는 법을 배웠고 마침내 이전에는 날것으로 먹었던 고기를 불에 익히는 법을 배우게 되었다. 이런 다양한 일들을 스스로 혹은 타인들과 함께 반복하여 적용해 봄으로써 어떤 관계에 대한 지각이 인간의 정신 속에 자연스럽게 싹텄다. 우리가 큰, 작은, 강한, 약한, 빠른, 느린, 소심한, 대담한 등의 단어와 별생각 없이 필요에 따라 비교되는 유사한 개념을 통해 표현하는 그 관계는 마침내 인간에게 어떤 종류의 성찰이나, 더 정확히 말해, 자신의 안전에 가장 필요한 대비책을 가르쳐 준 무의식적인 조심성을 만들어 냈다.

인간은 이 같은 발전의 결과인 새로운 지식 덕분에 다른 동물들에 대한 우월성이 커졌고 그것을 깨닫게 되었다. 인간은 덫을 놓아 동물을 잡는 연습을 했고 수많은 방법으로 그들을 속였으며, 싸우는 힘에서나 달리는 속도에서 몇몇 동물들보다는 열등했지만 이용할 수 있는 동물에게는 시간이 지나면서 주인이 되었고 해가 되는 동물에게는 적대자가 되었다. 그리하여 인간은 처음으로 자신에게 시선을 향하면서 처음으로 자존심을 지니게 되었다. 또한 아직은 서열을 제대로 구분하지 못하다가 자신이 속해 있는 종이 가장 우월하다고 생각하게 되었고, 개인으로도 첫 번째가 되려는 마음을 먹었다.

인간과 그의 동류들과의 관계는 지금의 우리와는 달랐는데, 인간은 다른 동물들과 교류하는 것 이상으로 자기 동류들과 교제하지는 않았지만, 그들을 관찰하는 일만큼은 잊지 않았다. 인간은 시간이 지남에 따라 자신들 사이에, 여자와 자신 사이에 유사성이 있다는 것을 깨달았고 자신이 모르고 있었던 유사성을 생각하게 되었다. 또한 그는 동류들 모두가 행동하는 것을 보고 같은 상황이라면 자신도 그렇게 행동했을 것이므로 그들이 생각하고 느끼는 방식이 자신의 그것과 완전히 같다는 결론에 이르렀다. 인간은 자신의 정신 속에 세워진 중요한 진리 덕분에 논리만큼이나 확실하고 그 이상으로 신속한 예감을 통해 자신의 이익과 안전을 목적으로 동류들과 더불어 지켜야 할 최상의 행동 규칙을 따르게 되었다.

인간은 평안함에 대한 애착이 인간 행동의 유일한 원동력임을 경험을 통해 배웠고, 공동의 이익 때문에 동류들의 도움에 의지해야 하는 드물게 일어나는 경우와 경쟁 때문에 그들을 경계해야 하는 더 드문 경우를 구분할 수 있게 되었다. 전자의 경우, 인간은 무리를 지어 그들과 결합하거나 혹은 기껏해야 아무도 구속하지 않고 일시적인 필요가 있을 때만 지속되는 어떤 자유로운 협력으로 힘을 합쳤다. 후자의 경우, 인간은 저마다 힘이 있다고 믿으면 무력을 써서 그리고 자신이 가장 약하다고 생각하면 재주와 교활함을 이용하여 이익을 얻으려고 애썼다.

이렇게 인간들은 서로 약속을 하고 그것을 지키면 얻게 되는 이익에 대한 막연한 생각을 서서히 할 수 있게 되었지만 그것은 단지 현재의 눈앞의 이익을 벗어나지 못했다. 왜냐하면 그들에게 예측이라는 것은 무의미했고, 먼 미래에 대해서 관심을 두는 것은 당치도 않았으며 내일 일조차 생각하지 않았기 때문이다. 사슴을 잡아야 했다면 저마다 자기 자리를 잘 지켜야 한다고 생각했다. 하지만 토끼 한 마리라도 그들 중 한 사람 앞에 지나간다면 주저 없이 쫓아가 잡았는데 자기 동료들이 먹이를 놓치는 것은 신경조차 쓰지 않았다.

이런 교류에는 인간과 마찬가지로 모여 사는 까마귀나 원숭이보다 훨씬 더 세련된 언어를 필요로 하지 않았다는 사실은 쉽게 알 수 있다. 불분명한 발음의 외침과 여러 몸짓, 몇 가지 의성어가 오랜 기간 보편적인 언어를 구성하고 있었을 것인데, 내가 이미 말했듯이 그 언어가 어떻게 성립되었는지 설명하는 것은 너무 어렵지만, 각 지방에서 발음이 명확하고 합의에 따른 몇몇 음이 첨부되어 조잡하고 불완전하지만, 특유의 언어가 나타났다. 그러한 언어는 오늘날에도 여러 미개 민족들이 사용하는 언어와 비슷하다. 나는 시간은 지나가는데 할 말은 많고 초기 단계에서의 진보는 거의 지각하기 힘든 까닭에 여러 세기를 쏜살처럼 지나갈 것이다. 왜냐하면 사건들이 느리게 일어날수록 묘사는 더 빠르기 때문이다.

이 최초의 진보 덕분에 인간은 더 빠르게 발전하였다. 정신을 깨우칠수록 재주도 완전해져 갔다. 곧 인간은 아무 나무 아래서 자거나 동굴 속에 몸을 피하지 않았고, 단단하고 예리한 일종의 돌도끼를 만들어, 나무를 자르고 땅을 파, 나뭇가지로 오두막집을 만드는데 사용했다. 오두막집에 점토와 진흙을 바를 생각도 곧 들었다. 이시기가 바로 가족이 형성되고 구별이 이루어지며 일종의 소유 개념이 생긴 첫 혁명기였다. 그 시기에 이미 싸움과 소규모 전투가 일어났을 것이다. 그렇지만 가장 강한 자들은 아마도 가장 먼저 집을 짓고 그곳을 지킬 수 있다고 생각했으므로 약한 자들은 그들을 쫓아내려 하기보다는 그들을 모방하는 것이 더 빠르고 더 확실한 방법이라고 생각했을 것이다. 이미 오두막집을 소유한 사람들도 이웃의 것을 가로채려 하지 않았을 것이다. 왜냐하면 오두막집이 자기 것이 아니어서라기보다는 집이 불필요했고 집을 소유하고 있는 다른 가족들과 격렬하게 싸우지 않고는 집을 차지할 수 없었기 때문이다.

인간의 마음에서 일어난 최초의 성장은 남편과 아내, 아버지와 자녀들이 같은 거주지에 함께 살게 된 새로운 상황에서 비롯되었다. 인간은 함께 사는 습관으로 우리가 알고 있는 가장 안락한 감정인 부부애와 부성애를 알게 되었다. 저마다의 가정은 상호적인 애착과 자유가 그들을 이어 주는 유일한 끈이었던 까닭에 더욱더 결합하여 작은 사회를 이루었다. 그 무렵 여태까지 동일했던 남녀의 생활 방식의 차이가 처음으로 나타났다. 여자들은 더욱 집에 머물게 되었고 집안과 아이들을 돌보는 데 익숙해졌으며, 남자들은 함께 먹을 것을 찾으러 갔다. 양성 모두 좀 더 유약해진 생활을 하다 보니 사나움과 격렬함을 어느 정도 잃기 시작했다. 하지만, 저마다 흩어져서 짐승들과 싸우는 일은 어려웠으나, 힘을 합쳐 싸우는 것은 더 쉬웠다.

인간들은 그런 새로운 상태에서 대단히 제한된 필요성 때문에 단순하고 혼자 사는 생활을 하고, 그것을 충족시키기 위해 만들어 낸 도구로 상당한 여가를 즐겼으며 그들의 조상들은 알지 못했던 편리함을 구하려고 그것을 이용했다. 바로 이것이 그들이 생각지도 못한 채 스스로에게 부과한 최초의 속박이었으며 자신들의 후손들에게 예고한 불행의 근원이었다. 왜냐하면 그들은 그런 식으로 육체와 정신을 지속적으로 유약하게 만들었을 뿐 아니라 그런 편리함이 익숙해지자 자신들의 매력을 거의 상실하였고 동시에 진짜 욕구로 변질되어 버린 까닭에 그것의 상실은 그것을 소유했을 때 달콤했던 것 이상으로 훨씬 가혹한 것이 되었다. 그래서 인간들은 편리함을 잃으면 불행했고 그것을 지니고 있어도 행복하지 않았다.[44]

이제 각 가족 간에 말이 어떻게 사용되고 조금씩 완전해졌는지

---

44 욕구가 커짐에 따라 해로운 결과가 파생한다는 언급은 루소의 『에밀』과 플라톤의 『국가』에서도 찾아볼 수 있다.

좀 더 잘 알게 된다. 또한 다양하고 특별한 원인들이 언어를 더 필요하게 만듦으로써 어떻게 그것을 확대시키고 발전을 촉진시킬 수 있었는지 짐작할 수 있다. 대홍수나 지진이 주거 지역을 물로 잠기게 하거나 절벽으로 만들었다. 지각의 변동으로 대륙의 일부가 잘려져 나와 섬이 되었다. 육지의 숲에서 자유롭게 떠돌아다녔던 사람들보다, 함께 가까이 살 수밖에 없었던 사람들 사이에서 공동체의 고유어가 만들어졌을 것이라는 점을 알 수 있을 것이다. 따라서 섬에 사는 사람들이 처음으로 항해에 나선 다음에 우리에게 말의 사용법을 전해 주었을 가능성이 크다. 적어도 사회와 언어가 섬에서 생겨서 대륙에 알려지기 전에 발전했을 가능성이 매우 크다.[45]

모든 양상이 바뀌기 시작한다. 이제까지 숲속을 돌아다니던 인간들은 좀 더 정착된 자리를 얻었던 까닭에 점차 서로 가까워져 여러 집단을 이루고 마침내 각 지방에서 고유한 국가를 형성한다. 이들 국가는 규칙과 법이 아닌 동일한 생활 방식과 음식, 기후라는 공통의 영향에 따라 풍속과 기질로 결합되어 있다. 지속적으로 이웃지간으로 살면 결국 여러 가족 사이에서 어떤 관계가 만들어질 수밖에 없다. 서로 다른 성의 젊은 남녀가 이웃으로 살게 되고, 자연의 요구에 따른 일시적인 교류는 곧 빈번한 만남으로, 즐겁고도 더 지속적인 또 다른 만남으로 발전한다. 사람들은 갖가지 사물들을 관찰

---

45   루소의 『언어 기원에 관한 시론(*Essai sur l'origine des langues*)』(1781), 9장에도 같은 생각이 언급되어 있다.

하고 비교하는 것에 익숙해진다. 자신도 모르게 가치와 아름다움의 개념을 알게 되고 그것은 기호의 감정을 만들어 낸다. 서로 만나게 되자 서로 다시 보지 않고는 살 수 없게 된다. 마음속에 온화하고 부드러운 감정이 스며들고 아주 사소한 반목으로도 격한 분노에 사로잡힌다. 사랑과 더불어 질투가 일어난다. 알력이 승리하고 가장 온화한 정념도 사람의 피로 물든 희생을 불러일으킨다.

관념들과 감정들이 계속해서 싹트고 정신과 마음이 훈련됨에 따라 인류는 점점 온순해졌고 관계는 확대되고 긴밀해졌다. 사람들은 오두막집 앞이나 큰 나무 주위에 모이는 것에 익숙해졌다. 사랑과 여가에서 나온 노래와 춤이 한가한 가운데 모여든 남녀의 즐거움이 되었고, 더 정확히 말해 하나의 일거리가 되었다. 저마다 타인을 바라보고 자신도 주목받기를 바라기 시작했고 공적인 평판이 하나의 가치가 되었다. 가장 노래를 잘 부르는 사람, 가장 춤을 잘 추는 사람, 가장 잘생기고 가장 힘이 센 사람, 가장 재주가 있고 가장 언변이 좋은 사람이 가장 좋은 평가를 받았는데, 그것이 불평등을 향한 동시에, 악덕을 향한 첫걸음이었다. 이 최초의 편애에서 한편으로는 허영심과 멸시가, 또 다른 한편에서는 수치심과 질투심이 태어났다. 이 새로운 근원이 원인이 된 동요가 결국에는 행복과 순수함에 치명적인 화합물로 작용하였다.

사람들이 서로를 평가하기 시작하고 존경에 대한 관념이 머릿속에 싹트자마자 저마다 그럴 권리가 있다고 주장하게 되었고 존경을 하지 않으면 누구도 탈 없이 지나가지 못했다. 그때부터 예의범절의 최초의 의무가 미개인에게서도 나타났고, 고의적인 일체의 잘못은 모욕이 되었다. 왜냐하면 모욕을 당한 자는 그것의 결과인 피해 자체보다 자신의 인격을 무시당했다는 생각에 종종 더 견딜 수 없었기 때문이다. 따라서 저마다 자신이 당한 모욕에 대해 자신이 할 수 있는 만큼 응징을 하는 까닭에 잔인한 복수가 일어났고 인간은 피를 흘릴 정도로 잔인해졌다. 바로 이것이 우리가 알고 있는 대부분의 미개 민족들이 도달한 단계이다. 또한 많은 사람은 관념들을 충분히 구별하지 못하고 이 민족들이 자연의 최초 상태에서 이미 얼마나 멀어졌는지 모르고서 인간은 본래 사악하고 유순하게 만들려면 질서 유지 기구가 있어야 한다는 성급한 결론을 내리고 말았다. 반면에 인간은 원시 상태에서만큼 온화할 수 없다. 인간은 자연에 의해 짐승의 어리석음과 문명인의 해로운 지식 사이 중간에 자리 잡고, 본능과 이성으로 자신을 위협하는 해악을 피하는 것이 고작이었으며, 타고난 동정심으로 누구에게도 해를 끼치지 않으려고 애썼고 남에게 해를 입고 나서도 상대를 해치려 하지 않았다. 왜냐하면 현자 로크John Locke의 명제에 따르면, "소유가 없는 곳에 불의가 있을 수 없기" 때문이다.[46]

하지만 우리가 주목해야 하는 사실은, 사회가 형성되고 인간들 사이에 이미 관계가 세워지자 그들에게는 본래의 구조에서 얻은 것과는 다른 성질이 요구되었다는 것이다. 또한 도덕이 인간 행동에

---

46 로크의 『인간 오성에 관한 시론』(1689/90), 4편, 3장, 18절에 나오는 구절이다.

개입하기 시작하였고, 법이 만들어지기 전에는 각자가 자신이 당한 모욕의 유일한 재판관이자 복수자였던 까닭에, 순수한 자연 상태에 적합한 선은 새롭게 태어난 사회에는 더 이상 적합하지 않았다는 것이다. 모욕을 가하는 일이 더 빈번해짐에 따라 처벌이 더 가혹해져야 했고, 복수를 당할 것에 대한 두려움이 법의 억지력을 대신했다는 점도 간과할 수 없다. 그래서 인간들의 인내심이 약해졌고 자연스러운 동정심도 이미 어느 정도 변질되었다고 하더라도, 원시 상태의 나태함과 우리의 이기심의 극심한 작용 사이 중간기에 위치한 인간 능력의 발전기가 가장 행복하고 가장 안정적인 시기였음에 틀림없다. 이 시기에 대해 숙고해 볼수록 이 상태가 격변을 가장 더디게 겪었으므로 인간에게 최고의 상태였고,[16] 인간은 공동의 이익을 위해 결코 일어나서는 안 되었을 어떤 불길한 우연에 의해 그 상태에서 벗어났다는 것을 알게 된다. 그 단계에서 대다수가 발견한 미개인들의 사례는, 인류는 항상 그 단계에 머물도록 만들어졌고 그런 상태가 세상의 진정한 청춘기이고 그 이후의 일체의 진보는 개인의 완성을 향한 큰 걸음으로 보이지만 실상은 종의 쇠퇴를 향한 걸음이었음을 확인해 주는 듯싶다.

사람들이 소박한 오두막집에 만족하고, 가죽옷을 뼈나 가시로 꿰매고, 깃털과 조개 껍질로 몸을 치장하고, 여러 색깔로 몸을 칠하고, 활과 화살을 개량하고 꾸미며, 날이 선 돌로 고기잡이 카누 몇 척이나 조악한 악기를 가다듬는 것이 전부였을 때, 간단히 말해 그들이 혼자 할 수 있는 일과 여러 사람의 협력이 필요 없는 기술에 몰두했을 때, 그들은 스스로의 본성이 허용할 수 있는 정도에서는 자유롭고 건강하며, 착하고 행복하게 살았으며 서로 간에 독립을 유지하며 교류하는 즐거움을 계속해서 누렸다. 하지만 인간이 타인의 도움을 필요로 한 때부터, 혼자서 두 사람 몫의 식량을 갖는 것이 유용하다는 것을 알아차린 다음부터는 평등은 없어지고 소유가 개입했으며 노동이 필요하게 되었다. 광활한 숲은 사람들이 땀을 적셔야 하는 평야로 변했고 사람들은 그곳에서 수확을 하면서 예속과 비참함을 곧 알게 되었다.

이런 엄청난 변화를 낳은 것은 야금술과 농업[47]의 발명이라는 두 가지 기술이었다. 사람들을 문명화시키고 인류를 파멸시킨 것이 시인에게는 황금과 은이지만 철학자에게는 철과 밀이다. 그래서 아메리카 대륙의 미개인들은 두 기술을 알지 못했던 까닭에 여전히 그런 상태로 남아 있다. 다른 민족들도 둘 중 한 개의 기술만을 사용하는 한 미개인으로 남아 있는 듯싶다. 유럽이 세계 다른 지역보다 더 빠르지는 않지만 적어도 더 지속적으로 더 문명화된 가장 큰 이유 중 하나는 철과 밀이 동시에 가장 풍부하기 때문일 것이다.

인간이 어떻게 철을 알고 사용하게 되었는지 추측하기는 매우 어렵다. 그들이 어떤 결과물이 나올지 알기 전에 광산에서 물질을 캐내고 그것을 녹이는 데 필요한 준비를 스스로 생각해 냈다고 믿기는 어렵기 때문이다. 다른 한편으로 광산은 건조하고 나무나 풀이 없

는 불모지에 만들어지는 까닭에 우연히 화재가 나서 그런 발견이 이루어졌다고는 더욱 주장할 수 없다. 그래서 자연이 우리에게 이 운명적인 비밀을 숨기려고 조심하고 있었던 듯싶다. 그렇다면 남는 것은 화산인데, 녹아내린 금속성 물질을 분출한 어떤 화산의 특별한 상황이 관찰자들에게 자연의 이런 작용을 흉내 낼 생각을 하도록 만든 것이다. 그들이 그토록 고된 작업을 시작하여 얻어 낼 수 있는 이익을 아주 오래전부터 예상하려면 상당한 용기와 선견지명이 필요했다는 사실을 추측해야만 한다. 그것은 일반적인 수준의 정신보다는 이미 상당한 단련이 이루어진 정신에 적합한 것이다.

농업에 대해 말하자면 그 원리는 그것이 실행되기 오래전부터 알려져 있었다. 나무와 식물에서 먹을 것을 구하는 데 끊임없이 몰두해 있었던 인간들은 자연이 식물의 생식을 위해 사용하는 방법을 곧 알아차렸을 것이다. 하지만 그들의 솜씨는 아마도 훨씬 뒤에야 그런 방식으로 바뀌었다. 왜냐하면 사냥과 낚시질과 더불어, 나무는 인간의 보살핌을 필요로 하지 않은 채 그들에게 먹을 것을 주었고, 인간은 밀 가공법을 알지 못했으며, 밀을 재배할 기구가 없었고, 앞으로 무엇이 필요한지 예측하지 못했을 뿐 아니라, 결국 그들의 노동의 결과물을 남이 탈취하는 것을 막을 방법이 없었기 때문이다. 더욱 솜씨가 좋아진 사람들이 날카로운 돌과 뾰족한 막대기로 오두막집 주변에 몇 가지 채소와 뿌리 식물을 재배하기 시작했다고 생각할 수 있다. 밀 재배법을 알고 대량으로 경작하는 데 필요한 도구를 갖기 훨씬 이전에 말이다. 다만 이런 활동을 하고 땅에 씨를 뿌리며 훗날 더 많이 거두기 위해서는 우선 손실을 각오해야 한다는 것을 고려하지 못했다. 앞에서 지적했듯이 저녁에 필요한 것을 아침에 생각하기가 무척 힘든 미개인의 정신 수준으로는 대비하기 어려운 일이었다.

따라서 인류가 농사 기술에 전념하기 위해서는 다른 기술의 발명이 필요했다. 철을 녹이고 벼리려면 사람이 필요했고, 또한 그들을 먹여 살릴 또 다른 사람도 필요했다. 노동자들의 수가 늘어날수록 공동의 식량을 대 줄 일손은 점점 줄어들었지만, 식량을 소비할 입은 줄지 않았다. 어떤 사람들은 그들이 생산한 철을 식료품과 교환하려고 했기 때문에, 또 다른 사람들은 식량 증산을 위해 마침내 철을 사용하는 비밀을 알아냈다. 그로 말미암아 한편으로 경작과 농업이, 다른 한편으로 금속을 다루고 사용법을 확장시키는 기술이 태어났다.

땅을 경작하다 보니 필연적으로 분배의 문제가 나타났고 일단 소유가 인정되자 정의에 관한 최초의 규칙이 생겼다. 왜냐하면 저마다에게 자기 것을 돌려주려면 저마다 무언가를 소유할 수 있어야 하기 때문이다. 더구나 사람들은 미래로 눈을 돌리기 시작했고, 모두가 잃어버릴 재산이 어느 정도 있다는 것을 알았기 때문에 자신이 타인에게 끼칠 수 있는 잘못으로 인해 보복을 당할지도 모른다는 걱정을 하지 않을 수 없었다. 이 같은 기원은 막 생겨난 소유의 개념이 노동 이외의 것에서 비롯되었다고 생각할 수 없을 정도로 더욱더 자연스럽다. 왜냐하면 자신이 전혀 만들지 않은 것을 가로채기 위해,

인간은 자기 노동 말고 내놓을 수 있는 것이 없기 때문이다. 농부는 노동을 통해서만 자신이 경작한 땅의 생산물에 대한 권리를 적어도 수확기까지 얻기 때문에 그렇게 해마다 점유가 계속되다 보면 쉽게 소유로 바뀌게 된다. 흐로티위스에 따르면, 고대인들이 케레스[48]에게 입법자라는 수식어를 부여하고 이 여신을 숭배하는 축제에 테스모포리아[49]라는 이름을 부여했을 때 그들은 토지의 분배가 새로운 종류의 권리를 낳았다는 것을 이해시키려 했던 것이다. 말하자면 자연법에서 비롯된 권리와는 다른 소유권인 것이다.

만약 사람들의 재능이 같아서, 예를 들어 철의 사용과 식료품의 소비가 항상 정확히 균형을 이루었다면 그런 상태의 상황은 동일하게 계속될 수 있었을 것이다. 하지만 무엇으로도 유지할 수 없었던 균형은 곧 깨져 버렸다. 더 힘이 센 사람은 더 많은 일을 했고, 더 재주가 많은 사람은 자신의 재주를 더 잘 이용했으며 더 창의력이 있는 사람은 노동의 양을 줄일 방법을 찾았다. 농부는 철을 더 필요로 했고 대장장이는 밀을 더 필요로 했다. 같은 노동을 했지만 한쪽은 많이 얻었고 다른 한쪽은 살기가 어려웠다. 그렇게 해서 자연의 불평등이 새로운 불평등과 결합하여 서서히 전개되었고, 환경의 차이에 따라 발전한 사람들 사이의 차이는 그 결과에서 더욱 커지고 공고해져서 같은 비율로 저마다의 운명에 영향을 미치기 시작했다.

---

48 그리스 로마 신화에서 '데메테르'로도 불리는 케레스는 곡물과 수확에 관여하는 여신이다.
49 테스모포리아는 입법자 데메테르를 기리는 축제이다. 매해 가을 아테네에서 벌어졌고 여성들만 참여했다.

상황이 이 정도에 이르렀으면 나머지는 생각하기 어렵지 않다. 또 다른 기술의 연속적인 발명, 언어의 발달, 재능의 시험과 사용, 재산의 불평등, 부의 이용이나 남용, 뒤이어 오는 온갖 세부적인 것들에 대해서는 저마다가 쉽게 보충할 수 있을 것이므로, 나는 그것들에 대해서는 일일이 기술하지 않을 것이다. 나는 새로운 질서 속에 놓인 인류를 단지 간략하게 파악하는 것으로 그칠 것이다.

따라서 우리의 능력은 발전하였고 기억력과 상상력이 작용하기 시작했으며, 이기심은 이해관계로 얽혔고 이성이 작용되어 정신은 가능한 한 완전함의 끝에 거의 다다랐다. 자연의 모든 특성이 활동하여 저마다의 지위와 운명은 재산의 정도와 도움이 되거나 해를 입힐 수 있는 능력뿐 아니라 정신과 아름다움, 힘이나 재주, 장점이나 재능으로도 결정되었다. 이러한 자질이 있는 사람들만이 존경을 받을 수 있었던 까닭에 곧 그것을 가지고 있거나 그런 척이라도 할 필요가 있었다. 자신의 이익을 위해서는 실제 자신과 다른 모습을 보여야 했다. 실체와 겉모습은 완전히 서로 다른 것이 되었고 이런 구분에서 당당한 호사, 기만적인 속임수, 뒤따르는 온갖 악덕이 나왔다. 다른 한편으로는 과거에는 자유롭고 독립적이었던 인간이 수많은 새로운 욕구에 의해, 말하자면 자연 전체와 특히 자신의 동류에게 종속되어 그들의 주인이면서 어떤 의미에서는 노예가 되었다. 그가 부자라면 그들의 봉사가 필요하고 가난하면 도움이 필요했으며, 어중간한 사람들도 그들 없이는 살아갈 수 없게 되었다. 따라서 인간은 동류들이 그의 운명에 관심을 가지도록 실제로든 표면상으로든 그의 이익을 위해 일하는 것이 그들에게도 도움이 된다고 생각하도록 끊임없이 애써야만 했다. 그런 이유로 그는 어떤 사람들에게는 위선적이고 교활하게, 다른 어떤 사람들에게는 오만하고 가혹하게 대했다. 또한 자신이 필요로 하는 모든 사람을 두렵게 만들 수 없고 그들을 도와주는 것이 자기 이익에 부합하지 않는다고 생각하면 그들을 속여야 했다. 결국 탐욕스러운 야심과, 실제 필요해서가 아니라 타인들보다 우위에 서기 위해 자기 재산을 늘리려는 열망 때문에 서로를 해치게 만드는 악한 성향과 은밀한 질투심을 불러일으킨다. 그 질투심이 더욱더 위험한 것은 더 안전하게 보이기 위해 종종 호의라는 탈을 쓰기 때문이다. 한마디로 한편에는 경쟁과 대립이, 다른 한편에는 이익의 충돌이 있는데, 타인을 희생시켜 자신의 이익을 취하려는 숨겨진 욕망이 항상 있는 셈이다. 이런 일체의 해악은 소유에서 비롯된 최초의 결과이자 막 태어난 불평등과는 불가분의 동반자이다.

부는 부를 나타내는 표지가 만들어지기 전에는 토지와 가축만으로 이루어졌으며, 그것이 사람들이 소유할 수 있었던 유일한 실제 재산이었다. 그런데 유산이 숫자와 면적에서 증가하여 토지 전체를 차지하고 서로 인접할 정도가 되자 어떤 사람들은 다른 사람들에게 피해를 주지 않고는 재산을 늘릴 수 없게 되었다. 무력하거나 무관심하여 자신의 소유지를 얻지 못한 낮은 층의 사람들은 세상 물정을 몰랐기 때문에 아무것도 잃지는 않았지만 가난하게 되었고, 식량을 부자에게서 받거나 빼앗아야만 했다. 그리하여 부자와 가난한 자의 특성에 따라 지배와 종속 혹은 폭력과 약탈이 일어나기 시작했다. 부자들은 지배하는 즐거움을 알게 되자마자 곧 다른 모든 사람을 멸시하였고, 예전의 노예들을 이용하여 새로운 노예들을 복종시켰으며 주변 사람들을 지배하고 복종시킬 생각만 했다. 그것은 인간을 한번 잡아먹어 본 굶주린 늑대들이 다른 모든 먹잇감에 싫증 내고 오직 사람을 잡아먹으려고만 하는 것과 다를 바 없었다.

그렇게 해서 가장 강한 자들이나 가장 가난한 자들은 그들의 힘이나 욕구를 타인의 재산에 대한 일종의 권리로 받아들였다. 그들에 따르면 그것은 소유의 권리와 동등한 것이어서 평등은 깨지고 가장 끔찍한 무질서가 이어졌다. 그렇게 해서 부자들의 횡령과 가난한 자들의 약탈, 모든 사람의 과도한 정념은 타고난 동정심과 아직은 약한 정의의 목소리를 억누름으로써 인간들을 탐욕스럽고 주제넘으며 악하게 만들었다. 가장 강한 자의 권리와 최초 점유자의 권리 사이에 끊임없는 분쟁이 일어났고 싸움과 살인으로만 끝이 났다.⑰ 막 태어난 사회는 가장 끔찍한 전쟁 상태가 되어 버렸다. 타락하고 황폐해진 인류는 더 이상 지난 시간으로 돌아갈 수 없었고 자신이 얻은 불행한 획득물을 단념하지도 못하여, 자신을 명예롭게 하는 모든 능력을 남용하는 것으로 자신에게 치욕만을 주려고 애쓴 나머지 스스로를 파멸 일보 직전까지 몰아갔다.

부자, 가난한 자 모두 새로운 악에 겁먹고 부를 멀리하고자 하는데, 예전에는 소망하던 것을 이제는 혐오하고 있는 것이다.⁵⁰

사람들은 마침내 그토록 비참한 처지와 자신들이 겪은 큰 불행에 관해 성찰하지 않을 수 없었다. 특히 부자들은 그들이 일체의 비용을 지불한 끝없는 전쟁이 자신들에게 얼마나 손해가 되었고, 생명의 위험은 누구에게나 마찬가지지만 재산은 개인의 문제라는 사실을 곧 깨달았을 것이다. 더구나 그들이 횡령에 어떤 특성을 부여하든 횡령이라는 것은 단지 불안정하고 기만적인 권리에 기반하고 있을 뿐이며, 그저 무력에 의해 얻은 것이기 때문에 또 다른 무력으로 그것을 빼앗겨도 항의할 이유가 없다는 것을 그들은 충분히 알고 있었다. 술책만으로 부자가 된 사람들조차 자신의 소유에 대해 그럴듯한 명분을 거의 내세울 수 없었다. 그들은 "내가 이 담벼락을 세웠고 내가 일을 해서 이 땅을 얻었다"라고 말해도 소용없다. 이런 말들을 들을 수도 있다. "누가 당신에게 선을 그어 주었지?", "우리가 당신에게 전혀 강요하지 않은 노동의 대가를 무엇 때문에 우리에게 지불하라고 주장하는 거지?", "당신은 너무나 많은 것을 가지고 있지만, 당신의 수많은 형제는 그것이 없어 죽어 가고 고통스러워한다는 것을 모르는가?", "당신의 몫 이상의 것을 공동의 식량에서 가져가려면 인류의 분명하고 만장일치의 동의가 필요하다는 것을 모르는가?" 이와 같이 부자는 자신을 정당화할 만한 이유도, 자신을 지킬 충분한 힘도 없다. 한 사람은 쉽게 짓누를 수 있지만 강도떼에게는 자신이 짓밟히고 만다. 서로 간에 질투심 탓에 약탈을 하려는 같은

50　오비디우스의 『변신 이야기』, 11권, 127행 참조.

희망으로 결합한 적들에 대해 자기 동료들과 단합할 수 없어 혼자서 모두와 맞서게 된다. 부자는 필요 때문에 다급해져서 인간의 정신 속에 결코 침입한 적이 없는 가장 심사숙고한 계획을 생각해 내게 된다. 자신을 공격한 사람들의 무력 자체를 자기에게 유리하게 사용하고, 적대자들을 자신의 보호자들로 만들며, 적대자들에게 다른 규범을 불어넣어 자연법이 자신에게 불리했던 것처럼 자기에게 유리한 다른 제도들을 그들에게 부여하는 것이다.

이런 관점에서 부자는 이웃 사람들에게 두려운 상황에 대해 설명해 주는데, 모든 사람이 서로에게 맞서 무장을 하고 자신들의 소유는 욕구만큼이나 짐이 될 것이며 가난하든 부유하든 누구도 자신의 안전을 구하지 못하게 된다는 것이다. 그런 다음 그는 자신의 목적에 이웃을 끌어들이기 위한 기발한 이유를 쉽게 만들어 낸다. 그가 그들에게 말한다. "약자를 억압에서 보호하고 출세주의자를 제지하며 저마다 자신이 가지고 있는 것에 대한 소유를 보장해 주기 위해 뭉칩시다. 정의와 평화의 규칙을 정해 만인이 지켜야 하며 누구도 차별하지 않고 강자와 약자 모두를 서로의 의무에 따르게 하여 어떻게 보면 운명의 변덕을 바로잡게 하는 것입니다. 한마디로 우리의 힘을 우리 자신에 맞서도록 돌리지 말고 하나의 최고 권력에 집결시켜, 그 힘으로 현명한 법에 따라 우리를 통치하고, 사회의 모든 구성원을 보호하며 지키고, 공동의 적을 몰아내며, 우리를 영원한 화합 속에 살도록 하는 것입니다."

속이기 쉽고 무지한 사람들을 부추기는 데 이런 연설과 같은 것은 필요조차 없었다. 더구나 그들은 서로 간에 풀어야 할 일이 너무 많아 중재인이 꼭 있어야 하고, 너무나 탐욕스럽고 욕망이 커서 우두머리 없이는 지낼 수 없는 사람들이었다. 모두가 자유를 얻을 수 있다고 믿고서 족쇄에 묶이려고 달려갔다. 왜냐하면 그들은 공공질서 확립의 이점을 알 정도의 충분한 이성은 지니고 있었지만 그것의 위험을 예상할 만큼의 충분한 경험은 없었기 때문이다. 그러한 악용을 가장 잘 예측할 수 있었던 사람들은 바로 그것을 이용하려는 자들이었다. 또한 현명한 사람들조차 부상당한 사람이 나머지 신체를 지키려고 팔을 잘라 내는 것처럼 자유를 지키기 위해 자유의 일부를 희생시킬 결심을 해야 한다고 생각했다.

사회와 법의 기원은 그러했거나 그러했을 것이고, 그것은 약자에게는 새로운 족쇄를, 부자에게는 새로운 힘을 부여하여[18] 자연의 자유를 영원히 파괴하고 소유와 불평등의 법을 항구히 고착시키는가 하면, 교활한 횡령을 확고한 권리로 만들어 소수 야심가의 이익을 위해 인류 전체를 노동과 예속, 비참함에 묶어 두었다. 우리는 하나의 유일한 사회가 세워져서 다른 모든 사회의 수립을 어떻게 필요하게 만들었는지, 상대의 단합된 힘에 맞서려면 다른 편에서는 어떻게 단결해야만 하는지 쉽게 알 수 있다. 사회가 빠르게 증가하거나 확장되어 지구 전체를 덮었다. 우리는 속박에서 벗어날 수 있고, 저마다의 머리 위에 항상 매달려 있어 여차하면 떨어질지 모르는 칼을 피할 수 있는 단 하나의 장소도 더 이상 찾을 수 없게 되었다. 시민법이 시민들 공통의 규칙이 되었으므로 자연법은 여러 사회들 사

이에서만 유지되었는데, 그 사회에서 자연법은 국제법이라는 이름
으로 묵시적인 몇몇 규범에 따라 교류를 가능하게 만들고 자연적
인 연민을 보완하는 것으로 약화되었다. 그 연민은 인간과 인간 사
이에서 가졌던 거의 모든 힘을 사회와 사회 사이에서 상실한 까닭
에 몇몇 위대한 세계 시민들의 마음속에만 남아 있을 따름이다. 그
들은 민족들을 갈라놓는 상상의 장벽을 뛰어넘고 자신들을 창조
한 최고의 존재를 본받아 전 인류를 박애심으로 끌어안는 사람들
이다.

이처럼 그들 사이에서 자연 상태에 머물러 있는 정치체들은 개인
들을 자연 상태에서 벗어나게 만든 불편함을 곧 느끼기 시작했다.
대규모 집단들 사이에서 그 상태는 이전에 그 구성원들이 개인 사이
에 있었던 때보다 더욱 더 해로운 결과로 나타났다. 자연을 두렵게
만들고, 이성에 어긋나는 국가 간의 전쟁, 전투, 살인, 복수, 인간의
피를 흘리게 해서 얻은 명예를 미덕으로 삼는 저 끔찍한 일체의 모
든 편견이 그것으로부터 나왔다. 최고의 교양인들이 동포들의 목을
자르는 것을 그들의 의무 중 하나로 생각하라고 가르쳤다. 마침내
인간들은 까닭도 모른 채 수천 명을 서로 학살했다. 전 지구에서 수
세기 동안 자연 상태에서 저질러진 것보다 더 많은 살인이 단 하루
의 전투에서 행해졌고 하나의 도시라도 점령되면 더 끔찍한 일이 벌
어졌다. 이런 것이 인류가 여러 사회로 분할될 때 예상할 수 있는 최
초의 결과이다. 그 사회의 제도들에 대해 재검토해 보자.

나는 몇몇 사람들이 정치적 사회의 기원이 강자의 정복이나 약자

의 단결에서 비롯된다고 주장했다는 것을 알고 있다. 그 원인들 가운데 어떤 선택도 내가 밝히려고 하는 것과 무관하다. 하지만 내가 막 설명한 이유는 다음의 이유에서 가장 자연스러운 듯싶다.

1. 앞서 말한 경우에서 정복의 권리는 전혀 권리가 아닌 까닭에 다른 어떤 권리의 근거도 될 수 없다. 정복자와 정복당한 국민은, 완전한 자유를 다시 얻은 국민이 자진하여 정복자를 지도자로 삼지 않는 한 항상 전쟁 상태이기 때문이다. 그때까지는 항복을 했다고 해도 그것은 단지 폭력에서 비롯된 것이므로 결과적으로 사실 자체로써 아무런 의미가 없으며, 그 가설에는 진정한 사회도 정치체도 있을 수 없고 가장 강한 자의 법 말고는 어떤 법도 있을 수 없다.

2. 약자의 단결이라는 경우에서 '강자'와 '약자'라는 말은 모호한 데가 있다. 소유권의 확립 혹은 최초 점유자의 권리 확립과 정치적 지배의 확립 사이의 기간에는 '부자'와 '가난한 자'라는 용어가 더 적절한 표현이다. 왜냐하면 사실 인간은 법이 만들어지기 전에는 자신과 동등한 사람을 예속시키려면 자신이 그들의 재산을 빼앗거나 자기 재산 일부를 나누어 주는 것 말고는 다른 방법이 없었기 때문이다.

3. 자유 말고는 잃을 것이 아무것도 없는 가난한 사람이 교환을 통해 얻을 것이 아무것도 없는데 자신에게 남아 있는 유일한 재산을 자발적으로 포기한다는 것은 참으로 어리석은 짓이다. 반대로 부자는 재산의 일부에 대해서도 대단히 민감하기 때문에 그들에게 해를 끼치기가 훨씬 더 쉬웠고, 결과적으로 그들은 피해를 입지 않도록 하는 데 더 주의를 기울였다. 말하자면 어떤 일은 그것으로 손해를 보는 사람들보다 그것으로 이익을 보는 사람들에 의해 생긴 것이라고 보는 것이 타당하다.

막 태어난 정부는 항구적이고 일정한 형태를 조금도 지니고 있지 않았다. 철학과 경험이 부족하여 당장의 불편만을 알았고 다른 불편들은 눈에 보일 때에 개선할 생각을 했다. 가장 현명한 입법자들의 모든 작업에도 불구하고 정치적 상태는 항상 불완전하게 머물러 있었다. 왜냐하면 그것은 거의 우연의 성과이며 시작부터 잘못되어 시간이 지남에 따라 결함이 발견되고 대책이 제시되기는 했지만, 정부 구조의 결함은 결코 바로잡을 수 없었기 때문이다. 훌륭한 건축물을 세우려면 리쿠르고스Lykurgos[51]가 스파르타에서 한 것처럼 그 장소를 깨끗이 치우고 모든 낡은 자재를 정리해야 하는데, 쉼 없이 수

---

51   고대 그리스 스파르타의 입법자로 시민 생활을 규정하는 법을 제정하였다.

리만 한 것이다. 사회는 처음에는 모든 개인이 지킬 것을 약속하고 공동체가 그들 각자에 대해 보증인이 되는 일반적인 몇몇 협약으로만 이루어져 있었다. 경험을 통해 그 같은 조직이 얼마나 취약한지 또한 일반인들만이 증인이자 재판관일 때 권리의 침해자들이 얼마나 쉽게 죄의 증거나 처벌을 피할 수 있는지 분명히 알 수 있다. 수많은 방법으로 법망을 피하는 일이 있었고, 불편과 무질서가 계속해서 증가하자 마침내 사람들은 공권력이라는 위험한 위탁물을 개인들에게 위임하고, 국민의 의결 사항을 감시하는 일을 행정관들에 맡기게 되었다. 왜냐하면 동맹이 결성되기도 전에 지도자가 선출되었고 법이 만들어지기도 전에 법의 집행자가 있었다고 말하는 것은 터무니없는 가정이기 때문이다.

국민들이 처음부터 절대적인 지배자에게 조건 없이 계속해서 복종했고, 자존심이 강하고 길들여지지 않는 사람들이 생각해 낸, 공동의 안전을 위한 최초의 방법이 서둘러 예속 상태에 들어가는 것이었다고 믿는 것도 이치에 맞지 않을 것이다. 사실 억압에서 자신을 지키고, 말하자면 자신의 존재를 구성하는 요소인 재산과 자유, 목숨을 보호하기 위해서가 아니라면 왜 그들이 자신보다 높은 사람을 뽑았겠는가? 그런데 인간관계에서 한 사람에게 일어날 수 있는 최악의 경우는 다른 한 사람에게 종속되는 것이므로 통치자의 도움으로 지키려 한 것을 그에게 넘겨주어 버렸으니 상식에 반하는 일이 아니었겠는가? 그토록 정당한 권리는 양도하고서 통치자는 그들에게 상응하는 무엇을 줄 수 있었겠는가? 만약 통치자가 그들을 지켜

준다는 구실로 감히 권리의 양도를 요구했다면, 그는 이내 다음 우화[52]에 나오는 대답을 듣게 될 것이다. "적이 우리에게 더 무엇을 할 수 있지?" 그러니까 국민들이 통치자를 세우는 이유는 두말할 나위 없이 자신의 자유를 지키기 위해서지 그에게 예속되기 위해서가 아니다. 그것은 모든 참정권의 기본적인 원칙이다. 플리니우스는 트라야누스에게, 우리가 군주를 섬기는 이유는 그가 우리에게 또 다른 주인을 막아 줄 것이기 때문이라고 말했다.[53]

정치인들은 자유에 대한 사랑에 대해 철학자들이 자연의 상태에 대해 말한 것과 같은 궤변을 늘어놓는다. 그들은 자신들이 보는 사물을 통해 본 적도 없는 완전히 다른 사물을 판단한다. 또한 그들은 눈앞에 보이는 사람들이 노예 상태를 잘 견뎌 내는 것을 보고 인간들에게는 타고난 예속적 성향이 있다고 판단한다. 자유는 순결이나 미덕 같아서 그것을 지니고 있을 때만 가치를 느낄 수 있고 그것을 상실하면 그것에 대한 취미도 곧장 사라지고 만다는 사실을 생각하지 못한다. 브라시다스[54]는 스파르타의 삶을 페르세폴리스[55]의 삶과 비교하는 지방관에게, "나는 당신 나라의 즐거움을 알고 있지만, 당신은 우리나라의 즐거움을 알 수 없소"라고 말했다.

길들여지지 않은 준마는 재갈을 가까이 가져만 가도 갈기를 세우

---

52 라퐁텐의 『우화』(1668-1694) 중에서 6권, 8장, 「노인과 당나귀」에 나오는 이야기이다.
53 플리니우스의 『트라야누스의 송사(Panégyrique de Trajan)』, 55장, 7절. 모든 구절은 홉스의 주권론에 대한 반론으로 계획되었다.
54 브라시다스는 기원전 5세기에 활동한 고대 그리스 스파르타의 군인이다.
55 페르세폴리스는 기원전 518년, 다리우스 1세가 아케메네스 왕조의 수도로 세운 도시이다.

고 발로 땅을 차며 격렬하게 발버둥 친다. 반면에 길들여진 말은 채찍과 박차를 참을성 있게 견딘다. 이와 마찬가지로 야만인은 문명인이 불평 없이 받아들이는 멍에를 전혀 받아들이지 않고, 얌전한 복종보다 가장 격한 자유를 선택한다. 따라서 인간에게 예속의 타고난 성향이 있는지 없는지 여부에 대한 판단은 노예가 된 민중의 실추가 아닌, 자유로운 모든 민중이 압제를 피하기 위해 행한 놀라운 행동에 따라 이루어져야 한다. 나는 노예가 된 민중이 그들이 억압 속에서 누리고 있는 평화와 안식을 쉼 없이 자랑하며, "비참한 예속을 평화라고 부르는 것"[56]을 알고 있다. 하지만 나는 자유로운 민중이 쾌락과 안식, 부와 권력, 생명까지도, 자유를 잃은 사람들이 그토록 멸시하는, 그 유일한 재산인 자유를 지키기 위해 희생하는 것을 안다. 또한 자유롭게 태어난 동물들은 갇힌 상태를 몹시 싫어하는 까닭에 우리의 창살에 머리를 들이받는다는 것과, 완전히 벌거벗은 수많은 미개인이 유럽인들의 쾌락을 경멸하고 굶주림, 불, 칼, 죽음에 맞서 오직 자신들의 독립을 지키려는 것을 본다. 나는 이와 같은 것들을 볼 때 자유에 관해 논증은 노예들이 할 일이 아니라는 생각이 든다.

여러 사람들은 전제적인 정치체제와 모든 사회가 부권父權에서 비롯되었다고 생각하는데, 로크와 시드니Algernon Sidney[57]의 반증에

---

56 타키투스, 『역사』, 1권, 4부, 17장 참조.
57 앨저넌 시드니(1623~1683)는 영국의 정치가이다. 로크와 같은 시대를 살았으며 찰스 2세의 독재에 맞섰다.

기대지 않더라도 다음과 같은 점들에 주목하는 것으로 충분하다. 이 세상에는 명령하는 사람의 쓸모보다 복종하는 사람의 이익에 마음을 쓰는, 부드러운 권력만큼 전제군주제의 잔혹한 정신과 거리가 먼 것은 아무것도 없다는 것이다. 또한 자연법에 따르면 아버지는 자신의 도움이 아이에게 필요한 동안만 주인 같은 역할을 하며 그 기간이 끝나면 그들은 평등해지고, 아버지에게서 완전히 독립한 아들은 아버지를 존경은 해야 하지만 복종할 필요는 없다. 왜냐하면 감사는 갚아야 할 의무이지만 요구할 수 있는 권리는 아니기 때문이다. 시민 사회가 부권에서 비롯되었다고 말하는 대신에 반대로 그 권력이 주요한 힘을 시민 사회에서 끌어낸다고 말해야 했다. 한 개인이 여러 자녀의 아버지로 인정받은 것은 그들이 그의 주위에 모여 있을 때뿐이었기 때문이다. 아버지가 확실히 마음대로 할 수 있는 재산은 자식들이 자신에게 의지하도록 매어 두는 끈이 된다. 아버지는 자신의 뜻에 대한 자식들의 지속적인 공경을 보면서 그것의 정도에 따라서만 상속분을 줄 수 있다. 그런데 백성들은 전제군주에게서 유사한 어떤 호의를 기대할 수 있기는커녕, 그들 혹은 그들이 소유한 모든 것이 그의 것이거나 적어도 그가 그렇게 주장하는 까닭에, 그들 자신의 재산이면서도 그가 얼마간 남겨 주는 것을 은혜로 받아들일 수밖에 없다. 그가 그들의 재산을 빼앗는 것이 정의를 행하는 것이 되며, 그들을 살려 두는 것이 은총을 베푸는 것이 된다.

이처럼 권리를 통해 사실을 계속해서 검토해 보면 전제정치의 자발적인 확립이라는 말에는 진실성은 물론 확실성도 발견하기 어렵다. 또한 둘 중 한쪽에만 의무를 부여하고 다른 한쪽에는 아무것도 요구하지 않는 까닭에 의무를 지는 사람만 손해를 보는 그런 계약이 과연 타당하겠는가. 이런 추악한 체제는 오늘날에도 현명하고 선량한 군주들, 특히 프랑스의 왕들과는 무관하다. 그것에 관해서는 그들이 내린 칙령 여러 곳에서, 무엇보다도 루이 14세의 이름과 명령에 따라 1667년에 발표된 유명한 문서[58]에 있는 다음과 같은 구절에 나타나 있다. "그러므로 군주가 국가의 법에 지배받지 않는다고 말해서는 안 된다. 왜냐하면 그 반대의 명제가, 아첨꾼들이 종종 공격했지만, 선량한 군주들이 국가의 수호신으로서 옹호했던, 국제법의 진리이기 때문이다. 현인 플라톤과 마찬가지로, 한 왕국의 완전한 천복은 백성들이 군주에게 복종하고 군주는 법에 복종하며, 법은 공정하여 항상 공공의 행복을 위한 것이라고 말하는 것은 참으로 정당한 일이다." 여기서 나는 다음과 같은 문제까지 파고들 생각은 없다. 즉 자유는 인간의 능력 중 가장 고귀한 것인 까닭에 흉포하거나 무분별한 주인의 환심을 사려고 신의 모든 선물들 중에서 가장 소중한 것을 가차 없이 포기하거나 신이 우리에게 금한 모든 죄를 저지르는 것은 자신의 본성을 훼손시켜 본능의 노예인 짐승의 수준으로 떨어뜨리며 자기 존재의 창조자까지도 모욕하는 것은 아닌지, 최고의 장인이 자신의 가장 뛰어난 작품이 훼손되는 것을 보

---

[58] 「에스파냐 왕국의 여러 주에 관한 대단히 기독교적인 여왕의 권리들에 관한 규약」(1677)을 말한다.

는 것보다 파괴되는 것을 보는 것에 더 분노해야 하는 것인지 생각해 보는 것 말이다. 내가 묻고자 하는 것은, 단지 그들 스스로 그 지경까지 타락하는 것을 걱정하지 않는 사람들이 무슨 권리로 후손들을 똑같은 불명예에 놓이게 할 수 있으며, 전혀 무상으로 얻는 것이 아닌 자유라는 재산을 후손들 대신 포기할 수 있는지 여부이다. 그것이 없으면 살아갈 만한 모든 사람에게도 삶 자체가 짐이 되고 말지 않을까?

푸펜도르프는 말하기를, "우리는 합의나 계약에 의해 자기 재산을 타인에게 양도하는 것과 마찬가지로 누군가를 위해 자신의 자유를 포기할 수 있다"라고 했다. 내가 보기에 이것은 대단히 그릇된 추론이다. 왜냐하면 우선, 내가 양도하는 재산은 나와는 완전히 무관한 것이 되어 그것의 남용이 나와는 상관이 없지만, 누군가 나의 자유를 과도하게 침해하지 않는 것은 내게 중요한 문제이며 타인의 강요로 악행을 저지르지 않는 한 죄의 도구가 될 위험을 무릅쓸 수 없기 때문이다. 게다가 소유권은 인간의 합의이자 제도일 뿐이기 때문에 모든 사람은 자신이 소유하고 있는 것을 자기 마음대로 처분할 수 있다. 하지만 생명과 자유와 같은 자연의 본질적인 선물은 그렇지 않은데, 자유를 향유하는 것은 모두에게 허용되지만 그것을 포기할 권리가 있는지는 불확실하다. 자유를 없애면 존재의 가치를 떨어뜨리는 것이며, 생명을 없애면 그 자체로서 존재를 소멸시키는 것이다. 어떤 물질적인 재산으로도 자유와 생명을 보상할 수 없는 까닭에 어떤 대가를 치르더라도 그것을 포기하는 것은 자연과 이성 모두에 어긋나는 일이다. 하지만 우리가 재산과 마찬가지로 자유를 양도할 수 있다고 해도, 자기 권리의 양도를 통해서만 아버지의 재산을 누릴 수 있는 자식들에게 그 차이는 대단히 클 것이다. 반면에 자유는 그들이 인간으로서 자연에서 받은 선물인 까닭에 부모들은 그들에게서 그것을 빼앗을 어떤 권리도 없다. 따라서 노예 제도를 만들기 위해 자연을 왜곡해야만 했듯이 이 권리를 공고히 하기 위해 자연을 변화시켜야만 했다. 법률가들은 노예의 자식은 노예로 태어난다고 엄숙하게 말했는데, 이는 인간이 인간으로 태어나지 않는다는 말과 다를 바 없는 결론이다.

따라서 정부가 전제 권력으로 시작된 것이 전혀 아니라는 사실만큼은 확실해 보인다. 전제 권력은 정부의 부패가 극단에 이른 것이며, 애초에 정부는 그것을 바로 잡으려 했는데 결국 유일한 강자의 법으로 끌려가고 만다. 그런데 정부가 이런 방식으로 시작되었다고 하더라도 이 권력은 본래 비합법적인 까닭에 사회의 법에 대해서도, 결과적으로 제도의 불평등에 대해서도 기반이 될 수 없었다.

나는 지금 모든 정부의 기본적인 계약의 특성에 관해 여전히 필요한 연구를 진행하지는 않을 것이고, 단지 여기서는 통념에 따라 정치체의 수립을 인민과 그들이 선택한 통치자 사이의 진정한 계약으로 생각하는 데 그칠 것이다. 양 당사자는 이 계약을 통해 그것에 명시되어 있고 양측의 결합을 이어 주는 법을 지켜야 한다. 인민은 사회적 관계에 관해 저마다의 모든 의지를 하나의 의지로 결합시켰기 때문에 이 의지가 표명되는 모든 조항은, 예외 없이 국가의 모든 구성원에게 부과되는 기본적인 법률이 된다. 또한 그 법률 중 하나는 다른 법의 집행을 감시하는 임무를 맡은 행정관들의 선정과 권한을 규정한다. 이 권한은 정치체제를 유지할 수 있는 모든 것에 영향을 미치지만, 그렇다고 그것을 바꾸는 데까지 이르지는 못한다. 또한 그 권한에 법과 집행자들을 존경하게 만드는 명예가 결부되고, 집행자들에게는 개인적으로 올바른 정치를 위해 기울인 노고에 대한 보상으로 여러 특권이 주어진다. 행정관 편에서는 자신에게 위임된 권한을 오직 위임자의 의지에 따라서만 행사하고, 저마다가 자신이 소유한 것을 안전하게 누릴 수 있으며, 어떤 경우에도 사적 이익보다는 공적 이익이 앞서도록 해야 한다.

이와 같은 정치체제의 불가피한 폐해를 경험으로 알게 되거나 혹은 인간 내면의 지식을 통해 예상하기 전에는, 이 체제의 유지에 대한 감시 책임을 맡은 사람들이 가장 큰 이해 당사자였던 만큼 그 체제는 최상의 것으로 보였을 것이다. 왜냐하면 행정관직과 그의 권한은 오직 기본적인 법에 기반을 두고 세워졌으므로 그 법이 폐기되자마자 행정관들은 더 이상 합법적이지 않으며 인민은 더 이상 그들에게 복종할 필요가 없기 때문이다. 국가의 본질을 이루는 것은 행정관이 아니라 법인 까닭에 저마다는 권리로써 자연적인 자유를 누릴 것이다.

그 점에 대해 조금만 주의 깊게 생각해 보면 그것은 새로운 이유들을 통해 확인될 것이며, 계약의 특성을 고려해 볼 때 변경될 수 없을 것임을 알게 될 것이다. 왜냐하면 계약 당사자들의 충실성을 보중할 수 있거나 상호적인 약속을 이행하게 만들 우월한 권력이 전혀 없다면 양측 당사자들이 그들 자신의 소송의 유일한 재판관으로 남을 것이기 때문이다. 그래서 한쪽은 다른 한쪽이 조건을 위반하거나 그것이 자신에게 적합하지 않다고 생각하면 곧장 계약을 포기할 권리를 언제든지 가지게 될 것이다. 포기할 권리는 바로 이 원칙에 근거를 둘 수 있는 듯싶다. 그런데 우리가 현재 하고 있는 것과 마찬가지로 인간의 제도에 대해서만 고려해 보면, 만약 일체의 권력을 장악하고 계약의 모든 이익을 자기 것으로 삼는 행정관이 권력을 포기할 권리마저 갖는다면, 통치자들의 모든 잘못의 대가를 치르고 있는 인민도 두말할 필요 없이 종속을 포기할 권리가 있을 것이다. 하지만 이 위험한 권력이 필연적으로 야기하는 끔찍한 대립과 끝없는 무질서는, 인간의 정부가 단순한 이성 이상의 견고한 기반을 얼마나 필요로 했는지, 주권을 마음대로 행사하는 치명적인 권리를 백성들에게서 빼앗는 신성불가침의 특성을 최고 권력 기관에 부여하기 위해 신의 의지가 개입하는 것이 공공의 안녕에 얼마나 필요한 일인지 분명히 보여 준다. 종교가 그 점에 대해서만 인간에게 도움이 되었다고 하더라도 그것만으로도 인간들은 충분히 종교를 그 폐습마저 소중히 여기고 받아들일 수 있을 것이다. 왜냐하면 종교는 광신 때문에 흘리는 피보다 훨씬 더 많은 피를 아끼게 해 주기 때문이다. 우리가 세운 가설을 따라가 보기로 하자.

정부의 여러 형태는 그것이 수립될 당시의 개인들 사이에 있었던 크고 작은 차이에 기원을 두고 있다. 어느 한 사람이 권력과 덕망,

부나 평판이 뛰어나다면 어떻게 될까? 그 사람만이 행정관으로 선출되고 국가는 군주제가 된다. 반면 다른 사람들보다 뛰어난 거의 대동소이한 여러 사람이 있다면 그들은 함께 선출되어 귀족제를 이룬다. 만약 재산이나 재능이 그리 불균형하지 않고 자연 상태에서 그리 크게 벗어나지 않은 사람들은 최고 행정관을 공동으로 두면서 민주정치체제를 이루었다.[59] 이 체제들 중에 어느 것이 사람들에게 가장 유리한지는 시간이 증명해 주었다. 어떤 사람들은 오직 법을 따랐고 또 다른 사람들은 곧 주인에게 복종했다. 시민들은 그들의 자유를 지키고자 했고, 백성들은 자신들이 더 이상 누리지 못하는 행복을 다른 사람들이 누리는 것을 참을 수 없어서 이웃의 자유를 빼앗는 것에만 골몰했다. 말하자면 한편에는 부와 정복이, 다른 한편에는 행복과 미덕이 있었다.

이 같은 다양한 정부 안에서 모든 행정관은 처음에는 선거로 선출되었다. 또한 부가 지배적이지 못 했을 때 우선시된 것은 자연적인 영향력을 보여 주는 재능과, 일에서는 경험을, 토의에서는 냉철함을 만들어 내는 연륜이었다. 히브리 사람들의 장로들, 스파르타의 게론테스,[60] 로마의 원로원,[61] 우리의 세뇨르seigneur라는 단어의 어원[62] 자체가 과거에는 노인들이 얼마나 존경받았는지를 보여 준다.

---

59 루소의 『사회 계약론』(1762), 3부, 3장 참조.
60 스파르타의 원로원으로, 60세 이상으로 구성되었다.
61 로마의 원로원은 로마 건국 때부터 만들어졌고 선출된 의원의 임기는 종신이었다. 주로 입법 활동과 국정에 대해 자문하는 정치기구였다.
62 '영주', '나리' 등을 뜻하는 프랑스어 seigneur의 라틴어 어원은 senior이다.

선거에서 나이가 많은 사람들이 선출될수록 선거는 더 빈번해졌고, 폐해도 더 커졌다. 음모가 개입되고 파벌이 생겼으며 당파들 사이에 대립이 격해졌다. 내전이 일어나 마침내 시민들의 피가 소위 국가의 행복을 위해 희생되었으며 전 시대의 무정부 상태에 다시 내몰릴 지경이 되었다. 야심만만한 통치자들은 이런 상황을 이용하여 그들의 가문 안에서 자신들의 지위를 존속시켰다. 인민은 종속과 평안, 안락한 생활에 이미 익숙해져 있어 사슬을 끊을 만한 처지가 이미 아니었던 까닭에 자신들의 안녕을 공고히 하려고 예속 상태를 강화하는 데 동의했다. 그런 식으로 세습을 하게 된 통치자들은 행정관의 직을 집안의 재산으로 간주하고, 애초에 관리에 불과했던 그들이 스스로를 국가의 소유자로 생각하고, 동포들을 노예라고 부르고 가축과 마찬가지로 자신들의 소유물 목록에 넣었으며, 스스로를 신이자 왕중왕과 같은 존재로 부르는 것에 익숙해졌다.

우리는 이런 여러 변혁 속에서 불평등의 흐름을 따라가다 보면, 법과 소유권의 제정이 제1단계이고 행정관직의 제정이 제2단계이며 합법적 권력에서 전제적인 권력으로의 변화가 제3단계이자 마지막 단계임을 알게 된다. 따라서 부자와 가난한 자의 처지는 첫 번째 시기에, 강자와 약자의 처지는 두 번째 시기에, 주인과 노예의 처지는 세 번째 시기에 용인되었다. 이 마지막 단계는 새로운 격변이 일어나 정부를 완전히 와해시키거나 정당한 제도에 가깝게 만들 때까지는 다른 모든 단계의 귀착점이 된다.

이러한 발전의 필요성을 이해하기 위해서는 정치체의 확립 동기보다는 그것이 실행 중에 취하는 형태와 그 후에 불러일으키는 부정적인 측면을 고려해 보아야 한다. 왜냐하면 사회 제도를 필요하게 만드는 악덕은 그것의 남용을 피할 수 없게 만드는 악덕과 같은 것이기 때문이다. 스파르타만은 예외로 두기로 하자. 이 나라에서는 법이 주로 아이들의 교육에 중점을 두었고, 법을 더 만들 필요가 거의 없을 정도로 리쿠르고스가 풍속을 확립했다. 일반적으로 법은 정념보다는 강하지 못해 사람들을 제지시킬 수는 있지만 변화시킬 수는 없다. 그렇게 보면 부패하지도 변질되지도 않고 수립 목적에 따라 항상 정확하게 운영되는 정부는 필요하지 않은데 세워졌고, 누구도 법을 피하지 않고 행정관의 직을 남용하지 않는 나라는 행정관도, 법도 필요로 하지 않는다는 것을 쉽게 증명할 수 있을 것이다.

정치적 차별은 필연적으로 시민에 대한 차별을 유발한다. 인민과 통치자 사이에서 불평등이 증가하고 있어 개인들 사이에서도 곧 감지되며 정념과 재능, 상황에 따라 수천 가지 양상으로 바뀐다. 행정관은 부하를 만들지 않고는 부당한 권력을 차지할 수 없으며 그 자에게 권력의 일부를 양보하지 않을 수 없게 된다. 더구나 시민들은 맹목적인 야심에 사로잡혀 자기 위보다 아래를 내려다보며 지배가 독립보다 더 소중하게 되어 다른 사람을 쇠사슬로 묶기 위해 스스로 묶이는 데 동의하는 동안에만 압제를 받아들인다. 지배하려고 애쓰지 않는 사람을 복종시키는 것은 대단히 어려운 일이며, 제아무리 교묘한 정치인도 자유로운 것만을 원하는 사람들을 복종시키지는 못할 것이다. 하지만 항상 명운을 걸고 자신에게 유리한지 불리한지에 따라 거의 되는 대로 지배하거나 섬길 채비가 되어 있는 야심 있고 비겁한 사람들에게는 불평등이 쉽게 퍼져 나간다. 그렇게 하여 인민은 그 정도로까지 눈이 현혹되어 지도자들이 가장 하찮은 자에게, "위대하도다! 당신과 당신의 가문은!"이라고 말하기만 하면 되는 시대가 왔을 것이다. 곧 그는 자기 눈에는 물론 모든 사람에게 위대해 보였고 그의 후손들도 시간이 지남에 따라 지위가 더 상승했으며, 원인에서 멀어지고 불확실할수록 결과는 더 많아졌고, 집안에 게으른 사람들이 많을수록 그 집안은 더욱 유명해졌다.

여기서 세부적으로 들어가면, 나는 개인들 사이에서 어떻게 평판과 권위의 불평등이 불가피하게 되었는지 쉽게 설명할 수 있을 것이다. 개인들이 동일한 사회에서 결합하여 서로 비교하지 않을 수 없게 되고 서로에 대한 지속적인 관계 속에서 발견하는 차별을 고려해야만 한다면 말이다.[⑩] 그 차별은 여러 종류이지만 일반적으로 부, 귀족의 신분이나 지위, 권력과 개인적인 재능이 주요한 구별의 기준인 까닭에 그것에 따라 사회에서 평가되므로 나는 여러 세력의 협력이나 분쟁이 국가가 잘 구성되어 있는지 그렇지 못한지 판단하는 가장 확실한 지표임을 입증할 것이다. 나는 이 네 종류의 불평등 가운데 개인적인 특성이 다른 모든 것들의 기원인 까닭에 부가 다른 것들이 귀착되는 마지막 불평등임을 보여 줄 것이다. 왜냐하면 부는 만족을 하는 데 가장 직접적으로 유용하고, 가장 쉽게 전달할 수 있으므로 나머지 모든 것들을 사기 위해 쉽게 사용되기 때문이다. 이런 관찰을 통해 저마다의 민족이 최초의 제도에서 멀어진 정도와 그들이 부패의 끝을 향해 나아간 것을 상당히 정확하게 판단할 수 있다. 나는 평판과 명예, 선호라는 보편적인 욕망이 얼마나 우리 모두를 탕진하게 만드는지, 얼마나 재능과 힘을 사용하여 비교하게 만드는지, 얼마나 정념을 자극하고 폭발하게 하는지, 모든 사람을 대적하고 경쟁하게 하여, 더 정확히 말해서 적으로 만들어, 그토록 많은 경쟁자를 같은 경기장에서 달리게 함으로써 매일 얼마나 많은 종류의 패배와 성공, 재앙을 불러일으키는지 지적할 것이다. 나는 유명해지고자 하는 열망, 거의 항상 우리를 들뜨게 만드는 돋보이고자 하는 열정 때문에 인간의 정신 속에는 최선의 것과 최악의 것인, 미덕과 악덕, 학문과 과실, 정복자와 철학자가 있다는 것을, 즉 소수의 선한 것과 다수의 악한 것이 있다는 것을 증명할 것이다. 마지막으로 나는, 다수가 어둠과 비참한 속에서 살고 있는 동안 소수의 권력자들과 부자들이 권세와 부의 절정에 있는 것은, 소수가 자신이 누리는 것을 다수가 박탈당했을 때만 높게 평가하기 때문이며, 민중이 비참하지 않으면 그들은 상황을 바꾸지 않고는 행복하지 않다는 것을 증명하고자 한다.

하지만 이런 세부 사항만으로도 상당한 작업의 소재가 될 것인데, 그 안에서 자연 상태의 권리들과 관련하여 모든 정부의 장점과 단점이 평가될 것이며, 그 정부들의 본질과 시간이 필연적으로 만들어 낼 격변에 따라, 지금까지 밝혀졌고 수세기 동안 밝혀질 수 있을 불평등의 서로 다른 모든 양상이 드러날 것이다. 많은 사람이 외부의 위협에 대비한 결과 그들은 내부에서 억압당하고 있음을 알게 될 것이다. 억압은 끊임없이 커지는데 압제에 신음하는 사람들은 그것이 어디까지 갈 것인지, 그것을 멈추게 하려면 그들에게 어떤 합법적인 수단이 남아 있는지 결코 알 수 없다는 사실을 알게 될 것이다. 시민들의 권리와 인민의 자유가 조금씩 약해지고 있는데 약자들의 요구가 선동을 일으키는 자들의 불평으로 취급되는 것을 알게 될 것이다. 정치가 공동의 이익을 지키려는 명예를 인민 중에 용병의 몫으로만 제한하는 것을 알게 될 것이다. 그것으로부터 세금의 필요성이 나오며 농민이 낙담하여 평화로울 때도 자기 밭마저 떠나고 쟁기를 버리고 칼을 차는 모습을 보게 될 것이다. 명예를 두고도 불길하고 기이한 규칙이 생겨나는 것을 보게 될 것이다. 조국의 수호자가 조만간 조국의 적이 되고, 동포들에게 끊임없이 칼을 겨누는 광경을 보게 될 것이며, 자기 나라의 압제자에게 이런 말을 하는 것을 듣는 시간이 올 것이다.

　"만약 자네가 내 형제의 가슴과 아버지의 목에, 임신한 아내의 배
　속에까지 칼을 꽂으라고 내게 명령한다면 별수 없이 모든 것을 행할
　것이다."[63]

신분과 재산의 극심한 불평등, 정념과 재능의 다양성, 무용한 기

63　고대 로마의 시인인 루카누스의 『파르살리아』, 1편, 376행 참조.

술, 해로운 기술, 변변찮은 학문으로부터 이성과 행복, 미덕에 상반되는 수많은 편견이 나올 것이다. 우리는 통치자들이, 모여 있는 사람들을 반목시켜 약하게 만들 수 있고, 겉보기에는 사회에 화합하는 모습을 만들어 내는 것 같지만 실제로는 분열의 씨를 뿌리고, 서로 다른 계급들 사이에서 권리와 이익의 대립을 통해 서로에 대한 불신과 증오를 불러일으켜 결과적으로 그들 모두를 억압하는 권력을 강화할 수 있다면 모든 것을 선동하는 모습을 볼 것이다.

바로 이 무질서와 격변 속에서 전제군주제가 점차 추한 머리를 쳐들고, 국가의 모든 부분에서 선하고 건전한 것이 보이면 모든 것을 탐욕스럽게 삼켜 버려서 마침내 법과 국민을 짓밟고 국가의 폐허 위에 자리를 잡기에 이를 것이다. 이 최후의 변화 이전의 시대는 혼란과 재난의 시기였을 것이지만 마침내 그 괴물이 모든 것을 집어 삼켜 버릴 것이고 국민은 더 이상 통치자도 법도 갖지 못하며 폭군만을 두게 될 것이다. 이때부터는 풍속과 미덕은 더 이상 문제가 아닐 것이다. "정직한 것에 대해 어떤 기대도 없는"[64] 전제군주제가 지배하는 곳은 어디에서나 어떤 다른 지배자도 허용되지 않기 때문이다. 그것이 말을 하자마자 염두해 두어야 할 올바름도, 의무도 더 이상 없고 더없이 맹목적인 복종이 노예들에게 남겨진 유일한 미덕이다.

바로 이곳이 불평등의 종착지이자 원이 출발하여 닫히는 지점이

---

64   타키투스의 『역사』, 1권, 21장 참조.

다. 이곳에서는 모든 개인이 다시 평등해지는데, 그것은 그들이 아무것도 아니며, 신민들은 주인의 의지 말고는 어떤 법도 갖지 못하고 주인은 자신의 정념 말고는 다른 규범을 갖지 않는 까닭에 선의 개념과 정의의 원리는 또다시 사라지고 말기 때문이다. 이곳에서는 모든 것이 가장 강한 자의 법만으로, 그러니까 우리가 출발점으로 삼은 상태와는 다른 새로운 자연 상태로 귀결되는데, 하나는 순수한 자연 상태였던 반면, 후자는 극심한 부패의 결과물이다. 더구나 이 둘 사이에 차이점은 거의 없고, 정부의 계약은 전제군주제 탓에 완전히 와해되어 전제군주는 자신이 가장 강할 때만 지배자이며 그를 추방할 수 있게 되어도 그는 폭력에 대해 전혀 항거할 수 없다. 술탄을 목 졸라 죽이거나 폐위시킬 봉기는 그가 불과 얼마 전에 신민들의 생명과 재산을 마음대로 했던 행동과 마찬가지로 법적인 행위이다. 오직 힘만이 그를 지탱했듯이 힘만이 그를 전복시킬 수 있다. 모든 것은 이처럼 자연의 질서에 따라 이루어지고, 이런 짧고 빈번한 격변의 결말이 무엇이든 누구도 타인의 불의에 대해 불평할 수 없으며, 자기 자신의 경솔함이나 불운을 탓할 따름이다.

이와 같이 인간을 자연 상태에서 문명 상태로 이르게 했을 잊혀지고 사라진 길을 발견하여 따라가 보면, 내가 방금 전에 기록한 중간 단계와 시간의 압박으로 생략했거나 생각이 전혀 떠오르지 않은 단계를 바로잡는다면, 모든 주의 깊은 독자들은 이 두 가지 상태 사이에 놓인 무한한 공간에 놀랄 수밖에 없을 것이다. 바로 사물들의 이런 완만한 연속 속에서 독자들은 철학자들이 해결할 수 없는 수

많은 도덕적·정치적인 문제들의 해결책을 발견할 것이다. 독자들은 시대에 따라 인간은 같지 않은 까닭에 디오게네스[65]가 인간을 전혀 발견하지 못한 이유가 더 이상 존재하지 않는 시대의 인간을 자신과 동시대인 중에서 찾았기 때문이라고 생각할 것이다. 또한 독자들은 카토[66]가 자신의 시대에 걸맞지 않았기 때문에 로마 그리고 자유와 더불어 소멸했다고 말할 것이다. 가장 위대한 이 인물이 5백년 더 일찍 태어났더라면 세상을 지배할 수도 있었을 텐데 그저 세상을 놀라게 했을 따름이라고도 말할 것이다. 한마디로 그는 어떻게 인간의 영혼과 정념이 서서히 변질되어 말하자면 본성이 변하게 되는지, 왜 우리의 욕구와 쾌락이 결국에는 대상을 바꾸는지, 왜 본래의 인간은 점차 사라져서 사회가 현인의 눈에는 이런 모든 새로운 관계의 산물이자 자연 속에서는 어떤 참된 토대도 갖추지 못한 인위적인 인간과 부자연스러운 정념의 집합체로 밖에는 보이지 않는지 설명할 것이다. 이 점에 대해 우리는 반성을 통해 알게 된 것을 관찰함으로써 완벽하게 확인하게 된다. 미개인과 문명인은 마음과 성향이 본질적으로 너무나 달라서 한 사람에게는 최고의 행복이 다른 사람에게는 절망이 될 수 있다. 미개인들은 안정과 자유만을 열망하고 한가롭게 살기를 원할 따름인데, 스토아[67]학파의 아타락시아[68]조

---

65 기원전 400년(추정)~기원전 323년에 활동한 고대 그리스의 철학자이다. 견유학파의 대표적인 인물로 물질적 허식을 멀리하며 자연 상태의 인간이 최고의 행복을 누린다고 주장했다.
66 카토(Marcus Porcius Cato Uticensis. 기원전 95~기원전 46)는 고대 로마 공화정 말기의 정치가이다.
67 제논이 창시한 고대 그리스와 로마의 철학이다. 헬레니즘 시대를 대표하는 철학이며 감각이나 욕망을 멀리하고 금욕적 이성을 강조하였다.

차도 그들의 다른 모든 것에 대한 한없는 무관심에는 근접하지 못한다. 반면에 문명인들은 늘 활동적이고 땀을 흘리고 불안해하며 훨씬 더 힘든 일을 찾으려고 끊임없이 근심한다. 그들은 죽을 때까지 일하고, 살려고 하면서도 죽음을 향해 내닫거나 불멸성을 얻으려고 삶을 포기한다. 그들은 자신이 증오하는 귀족들과 경멸하는 부자들에게 환심을 사려 한다. 문명인들은 그들을 섬기는 영광을 얻기 위해서라면 무슨 일이든 서슴지 않는다. 자신들의 천박함과 그들에게서 보호받는 것을 대놓고 자랑하며, 노예 상태를 자랑스럽게 여기고 그런 상태를 나눌 영광을 누리지 못하는 사람들을 경멸한다. 유럽의 대신들의 힘들지만 선망이 대상이 되는 일을 카리브인들은 어떻게 바라볼 것인가! 이 게으른 미개인들은 선행을 하는 기쁨으로도 위안조차 받지 못하는 그런 끔찍한 삶보다는 처참한 죽음을 선택하지 않을까? 하지만 그토록 애를 쓰는 목적을 알려면, '권력'과 '명성'이라는 단어가 그들의 머릿속에서 어떤 의미를 지녀야 할 것이며, 세상 사람들의 시선이 중요하여 자기 자신보다 오히려 타인들의 판단에 행복감과 만족감을 느끼는 부류의 사람들이 있다는 것을 알아야 한다. 사실 이런 모든 차이의 진짜 이유는 바로 이런 것에 있다. 즉 미개인은 자기 생각대로 살고, 항상 자기 생각 밖에서 존재하는 문명인은 타인의 의견 속에서만 살아가는데, 말하자면 자신이 존

---

68 에피쿠로스학파에서 비롯된 개념이며 마음속에 근심, 고통, 괴로움, 혼란이 없는 평온한 상태를 의미한다.

재하고 있다는 생각을 타인들의 판단에 기댈 뿐이다. 그토록 훌륭한 도덕론이 있음에도 이러한 경향에서 어떻게 선과 악에 대한 엄청난 무관심이 생기는지 증명하는 것이 나의 주제는 아니다. 또한 모든 것이 겉모습에 귀착되어, 명예와 우정, 미덕, 종종 악덕까지도 자랑스럽게 여기는 비결을 찾고 있으니 어떻게 모든 것이 부자연스럽고 위선적이 되었는지, 한마디로 수많은 철학과 인간애, 예절과 감탄할 만한 격언에 둘러싸여 있으면서 타인에게는 항상 우리가 누구인지 물으면서도 그 점에 대해 우리 자신에게는 결코 묻지 않음으로써 어떻게 우리가 미덕이라고는 찾아볼 수 없는 명예, 현명함이 없는 이성, 행복이 없는 쾌락 같은 기만적이고 경박한 외관만을 지니게 되었는지 밝히는 것도 나의 주제가 아니다. 그것은 인간의 본원적인 상태가 결코 아니며, 이처럼 우리의 모든 자연적인 성향을 변하게 하고 변질시키는 것은 오직 사회의 정신과 그것이 낳은 불평등이라는 사실을 증명하는 것으로 족하다.

　나는 불평등의 기원과 심화, 정치적 사회의 확립과 폐해를, 인간 본성에서 연역될 수 있는 한에서 오직 이성의 빛에 따라, 최고 권력인 신의 권리를 재가하는 신성한 교리와는 무관하게 설명하려고 애썼다. 이 설명으로부터, 불평등은 자연 상태에서는 거의 없었으므로 우리의 능력의 발달과 인간 정신의 발전에 힘입어 성장하여 마침내 소유권과 법의 제정을 통해 견고해지고 합법적이게 된다는 결론이 나온다. 또한 실정법만이 허용하는 도덕적 불평등은 그것이 신체적 불평등에 비례하여 균형을 이루지 못할 때마다 자연법에 위배되는 결과가 나온다. 이 같은 구별은 모든 문명인 사이에 퍼져 있는 그런 불평등에 대해 우리가 어떻게 생각해야 하는지 충분히 규명해준다. 우리가 자연법을 어떤 식으로 규정하든지 간에 아이가 노인에게 명령을 하고 어리석은 자가 현명한 사람을 이끌며, 굶주린 사람 대다수에게 필요한 것마저 부족한데 일부 사람들에게서 사치품이 넘친다는 것은 분명 자연법에 위배되기 때문이다.

루소의 주석

❶ 헤로도토스에 따르면, 페르시아의 일곱 해방자들이 가짜 스메르디스를 죽인 뒤에 국가에 부여할 정부의 형태에 관한 토의를 위해 모였을 때 오타네스는 공화제를 열렬히 지지했다. 제국에 대해 요구할 수 있는 태수의 입에서 나온 말이라는 것 말고도, 귀족들이 그들로 하여금 백성들을 존중하게 만드는 일종의 정부를 죽음 이상으로 더 두려워하고 있으니, 더욱 더 놀라운 견해이다. 짐작할 수 있듯이 오타네스의 말을 듣는 사람은 전혀 없었고, 군주 한 사람을 선출하려는 것을 알자, 복종하는 것도, 지시하는 것도 원치 않았던 그는 다른 경쟁자들에게 왕위를 기꺼이 양보했고 일체의 보상으로 자신과 후손들이 자유롭고 예속되지 않는 것을 요구하여 그것을 허락받았다. 헤로도토스는 그 특권에 따른 제한 사항을 우리에게 알려 주지 않았지만 당연히 그것을 상정해야 할 것이다. 그렇지 않으면 오타네스는 어떤 종류의 법도 인정하지 않고 누구에게도 복종할 의무가 없어서 국가 내에서 절대적이고 왕보다도 더 강한 것으로 비칠 수 있을 것이다. 하지만 그런 경우에 그 같은 특권에 만족할 수 있는 한 사람이 그것을 남용할 수 있을 것 같아 보이지는 않는다. 실제 현명한 오타네스도, 그의 후손들 누구도 그 권리를 행사하여 왕국에

사소한 소요를 일으킨 것 같지는 않다.

❷   나는 처음부터 철학자들이 존중하는 권위 있는 말 중 하나를
신뢰하며 근거를 두려 하는데, 그런 말은 철학자들만이 찾아내어 지
각할 수 있는 견고하고 탁월한 논거에서 나왔기 때문이다.

　　"우리가 자기 자신을 아는 일에 아무리 관심을 두고 있어도, 나는
　　우리가 자신이 아닌 모든 것을 더 잘 알고 있는 것은 아닌지 모르겠
　　다. 우리는 자신의 보존을 위해서만 자연에서 받은 기관들을 외부의
　　인상을 받아들이는 데 사용하고, 우리를 밖으로 내보내며 자기 밖에
　　서 존재하려고 애쓸 따름이다. 우리는 자신의 감각 기능을 확장시키
　　고 자신의 존재의 외부 영역을 증가시키는 데 지나치게 몰두한 나머
　　지, 우리를 실제 크기로 환원시키고 자신에게 속하지 않는 모든 것으
　　로부터 우리를 떼어 놓는, 내부의 그 감각을 사용하는 법이 거의 없
　　다. 그렇지만 우리 자신을 알고자 한다면 그 감각을 사용해야 한다.
　　우리는 그것만을 통해서 자신에 대해 판단할 수 있다. 하지만 어떻게
　　그 감각에 활동성과 모든 영역을 부여할 것인가? 어떻게 하면 그것
　　이 존재하는 우리의 영혼을 정신 속의 일체의 환상으로부터 구출해
　　낼 것인가? 우리는 그것을 사용하는 습관을 잃어버려서 영혼은 우리
　　의 육체적인 감각의 동요 속에 움직이지 않고 머물러 있다. 영혼은
　　우리의 정념의 불꽃에 말라 버렸다. 마음과 정신, 감각, 모든 것은 영
　　혼에 맞서 작용하였다." ―뷔퐁, 『박물지』, 4권, 「인간의 본성에 관하여」, 151쪽

❸　오랜 직립보행이 인체의 구조에 만들어 낼 수 있었던 변화, 인간의 두 팔과 네발짐승의 앞다리 사이에서 아직도 관찰되는 관계, 걷는 방식에서 찾아낼 수 있는 유추 등은 우리에게 가장 자연스러웠을 그 방식에 대해 의심하도록 만들 수 있었다. 아이들은 모두 네발로 걷기 시작하고, 서 있는 것을 배우려면 우리의 본보기와 가르침이 필요하다. 호텐토트족 같은 미개 종족이 있기도 한데, 그들이 아이들을 대단히 소홀하게 여겨서 너무나 오랫동안 두 손으로 걷도록 내버려 둔 나머지, 아이들은 일어서는 데 상당한 어려움을 겪는다. 서인도제도의 카리브인 아이들도 마찬가지이다. 네발로 걷는 인간들에 대한 다양한 사례가 있는데, 나는 그중에서 1344년 헤센 부근에서 발견된 아이를 예로 들 수 있을 것이다. 그곳에서 늑대가 아이를 길렀는데, 그 뒤 아이는 하인리히 공의 궁정에 살면서 자기 뜻대로 할 수 있으면 사람들과 사는 것보다 늑대들에게 돌아가는 것이 더 좋다고 말하곤 했다. 아이는 그 짐승들처럼 걷는 것이 너무나 익숙했던 나머지 나뭇조각을 몸에 묶어 억지로 서 있으면서 두 다리로 균형을 잡도록 만들었다. 1694년 리투아니아의 숲에서 곰과 함께 살다가 발견된 비슷한 사례의 아이도 있었다. 콩디야크 씨의 말에 따르면 아이에게서 이성의 흔적이라곤 찾아볼 수 없었고, 아이는 두 손과 두 발로 걸었고 어떤 말도 할 줄 몰랐으며, 인간의 음성과는 전혀 닮지 않은 소리를 내었다. 몇 년 전에 사람들이 영국의 궁정으로 데려온 하노버의 야생 소년은 두 발로 걷게 되기까지 온갖 어려움을 겪었다. 1719년에는 피레네산맥에서 또 다른 미개인 2명이 발견되

었는데, 그들은 네발짐승처럼 산을 탔다. 그런 행동은 우리가 무척이나 유용하게 이용하는 두 손의 사용을 포기한 것이라고 반박할 수도 있겠지만 원숭이의 사례가 보여 주듯이 손이 두 가지 방식으로도 아주 잘 이용될 수 있는 것 말고도, 인간이 자신의 팔다리를 자연이 준 용도보다 더 편리하게 이용할 수 있다는 것은 물론 자연이 인간을 자신이 가르쳐 주는 것과 다르게 걷도록 해 놓았다는 것을 증명해 줄 것이다.

하지만 인간이 두 발 동물이라는 사실을 주장하기 위한 훨씬 더 좋은 근거가 있는 듯싶다. 먼저 인간이 처음에는 우리가 보는 것과는 다른 모습일 수 있었고 마침내 현재의 모습이 되었다는 것을 알려 줄 수는 있겠지만, 그것만으로 그런 결론을 내리기에는 충분하지 않을 것이다. 왜냐하면 그런 변화의 가능성을 보여 주었다고 해도 그것을 인정하기 전에 적어도 그 신빙성을 보여 주어야 할 것이기 때문이다. 더구나 인간의 두 팔이 필요한 경우 다리로 쓰였다고 하더라도 그것은 그 학설에 유리한 관찰이고 그것과 반대되는 수많은 또 다른 견해가 있다. 중요한 점을 보자면, 인간의 머리가 몸통에 붙어 있는 방식은 다른 모든 동물과 마찬가지로 또한 인간 자신이 서서 걸을 때와 마찬가지로, 시선을 수평으로 향하는 대신 네 발로 걸을 때에는 눈길을 곧장 바닥에 처박았는데 이는 개체의 보존에 별로 좋을 것이 없는 상황이다. 또한 인간에게 없는 꼬리는 두 다리로 걷는 데 사용할 필요가 없고, 네발짐승에게는 유용하며 꼬리가 없는 짐승은 하나도 없다. 품에 새끼를 품고 있는 두 발 동물에게는 대단히 적절한 위치에 있는 암컷의 젖가슴은 네발짐승에게는 전혀 그렇지 못해서 그런 위치에 가슴이 있는 짐승은 전혀 없다. 인간은 뒷발이 앞발에 비해 지나치게 길어서 네발로 걷게 되면 무릎이 땅에 끌렸을 것이고 균형이 잡히지 않은 동물이 되어 편하게 걷지 못했을 것이다. 만약 인간이 팔과 마찬가지로 다리를 납작하게 바닥에 위치시킨다면 뒷발 관절이, 그러니까 정강이를 경골에 이어 주는 관절이 다른 동물들보다 하나 모자라는 까닭에 어쩔 수 없이 발끝만 바닥에 놓이게 될 것이다. 또한 발목뼈는 그것을 이루고 있는 수많은 뼈는 말할 것도 없이 정강이를 대신하기에는 지나치게 굵은 듯싶고 척골, 경골과 관절들이 너무 가까이 있어 그런 위치에서는 인간의 다리에 네발짐승의 다리가 지니고 있는 것과 같은 유연성을 부여하기 어려울 것이다. 자연의 힘이 아직은 전혀 발달하지 않았고 사지가 단단해지지 않은 나이의 아이들의 사례에서는 전혀 결론을 얻을 수 없다. 개들은 태어난 뒤 몇 주 동안은 기어 다니기만 하기 때문에 걷도록 되어 있지 않다고 말하는 것과 다를 바 없다. 개별 사실들만으로 모든 인간의 보편적인 실제를 부인하기는 아직 힘들며, 다른 민족들과 어떤 교류도 없어서 그들에게서 아무것도 모방할 수 없었던 민족들도 마찬가지이다. 걸을 수 있기 전에 숲에 버려져서 짐승들이 키운 아이는 보모처럼 걸으려고 훈련을 하여 그 본보기를 따를 것이다. 아이는 자신이 자연에서 전혀 받지 못한 수월성을 습관을 통해 얻을 수 있을 것이다. 손이 불구인 사람들이 연습을 한 덕분에 우리가 손으로 하는 모든 것을 두 발로 하게 된 것처럼, 마침내 손을 발과 같이 사용하게 되었을 것이다.

❹　만약 독자들 중에 땅의 이런 자연적인 비옥함에 관한 가정에 이의를 제기하는 고약한 박물학자가 있다면 나는 그에게 다음과 같은 구절로 대답할 것이다.

　　"식물들은 땅에서보다 공기와 물에서 훨씬 더 많은 영양분을 얻으므로 썩으면 땅에서 얻은 것보다 더 많은 것을 돌려주게 된다. 더구나 숲은 증발을 막아줌으로써 빗방울을 머금는다. 그래서 상당히 오랫동안 인간의 손길이 닿지 않은 숲속에서는 식물에 이용되는 지층이 대단히 증가할 것이다. 하지만 동물들은 얻은 것보다 더 적은 것을 땅에 돌려주며, 인간은 불을 얻고 또 다른 용도로 사용하기 위해 목재와 식물을 엄청나게 소비하기 때문에 그 결과 사람이 사는 지역의 식물 지층은 항상 감소하여 결국에는 돌로 뒤덮인 아라비아의 땅과 수많은 중동 지방의 땅과 같이 되어 버린다. 사실 가장 오래전에 사람이 살았던 지역인 중동 지방에서는 소금과 모래만이 발견되었을 따름이다. 왜냐하면 식물과 동물에서 불변하는 소금은 그대로 남고 반면에 다른 모든 부분은 증발해 버리기 때문이다." ―뷔퐁, 『박물지』

그뿐 아니라 지난 수세기 동안에 발견된 거의 모든 무인도가 온갖 종류의 수많은 나무와 식물로 뒤덮여 있었고, 우리가 역사에서 배우듯이 사람이 살거나 문명화됨에 따라 온 땅의 광활한 숲이 베어져야만 했다는 사실을 증거로 덧붙일 수 있을 것이다. 그 점에 대해 나는 다음 세 가지 지적을 더 덧붙일 것이다. 첫째, 뷔퐁 씨의 고찰에 따르면 동물들에 의해 이루어지는 식물 물질의 소모를 상쇄할 수 있는 어떤 식물이 있다면 그것은 특히 숲인데 나무 상층부와 잎들은 다른 식물들보다 더 많은 수분과 수증기를 모아서 품는다는 것이다. 둘째, 토양의 황폐, 즉 식생에 적합한 물질의 유실은 땅이 더 경작되고 더 부지런한 주민들이 모든 종류의 생산물을 더 풍족하게 소비하는 것에 따라 가속화될 것이다. 세 번째이자 가장 중요한 지적은 나무 열매가 동물에게 다른 식물들이 줄 수 있는 것보다 더 많은 먹을거리를 제공해 준다는 것인데, 규모와 특성이 동일한 두 곳의 토양에 한 곳에는 밤나무를, 다른 한 곳에는 밀을 심는 것으로 내가 직접 실험한 적이 있다.

❺　네발짐승 가운데 육식 종들을 구분하는 가장 보편적인 방법이 두 가지 있는데, 하나는 이빨의 형태이고 다른 하나는 장腸의 형태이다. 말, 양, 토끼와 같이 풀을 먹고 사는 동물들은 이빨이 납작하다. 하지만 고양이, 개, 늑대, 여우와 같은 육식동물들의 이빨은 뾰족하다. 장과 관련해서 열매를 먹고 사는 동물은 결장과 같은 장을 여러 개 가지고 있지만 육식동물은 그렇지 않다. 따라서 인간은 열매를 먹고 사는 동물들과 같은 치아와 장을 가지고 있는 까닭에 당연히 그 강綱으로 분류해야 할 것이다. 해부학적인 관찰로 그런 견해가 확인될 뿐 아니라 고대의 기념물에도 그 견해에 유리한 결과가 있다. 성 히에로니무스는 이런 말을 했다. "디카이아르코스는 그리스 고대에 관한 책에서 대지가 그 자체로 아직 비옥했던 사투르누스

치하에서는 누구도 고기를 먹지 않았고 모두가 자연적으로 자란 과일과 야채를 먹고 살았다고 말했다." 여기에서 내가 이용할 수 있는 수많은 이점을 소홀히 하고 있다는 것을 알 수 있을 것이다. 왜냐하면 육식동물들 사이에서의 유일한 싸움거리는 먹잇감이고 열매를 먹고 사는 동물들 사이에서는 늘 평화가 유지되기 때문인데, 인류가 이 후자의 종이었다면 분명히 자연 상태에서 훨씬 더 수월하게 살았을 것이며 그런 상태에서 벗어날 필요성과 기회가 훨씬 적었을 것이다.

❻ 성찰을 요구하는 모든 지식, 관념의 연쇄를 통해서만 얻고 지속적으로 완전해지는 모든 지식은 미개인들의 지적 수준에서 완전히 벗어나 있는 듯싶다. 그들은 동료들과 소통하지 않는데, 그러니까 그 소통에 이용되는 도구와 그것을 필요하게 만드는 욕구가 없기 때문이다. 그들의 지식과 재치는 뛰어오르고 달리고 서로 싸우고 돌을 던지고 나무를 기어오르는 것에 머문다. 다만 그들은 그런 일밖에 할 줄 모르지만, 반면에 그들보다 그런 욕구가 덜한 우리보다 그것을 훨씬 더 잘한다. 그런 일들은 오직 신체의 훈련에 의존하고 한 개인에게서 다른 개인으로 어떤 전수도 어떤 발전도 없기 때문에 최초의 인간과 마지막 후손 모두 그것의 숙련도에는 차이가 없다.

여행가들의 여행기에는 야만적이고 미개한 민족이 지니고 있는 힘과 활력에 관한 사례가 풍부하다. 여행기들은 그들의 재주와 민첩함에 대해 칭찬을 아끼지 않는다. 그런 사실을 관찰하기 위해서는 눈길을 주기만 하면 되기 때문에 목격자가 직접 보고 확인한 것을 믿지 않을 이유가 없다. 나는 우연히 지니게 된 첫 책들에서 두서없이 몇 가지 사례를 들고자 한다.

콜벤Kolben이 말한다. "호텐토트족은 케이프타운에 사는 유럽인들보다 고기잡이에 능숙하다. 그들은 그물, 낚시, 작살 모두에 능숙하고, 작은 만에서든 강에서든 솜씨가 좋다. 그들은 손으로도 물고기를 능숙하게 잡는다. 그들은 수영도 비길 데 없이 능숙하게 잘한다. 그들이 수영하는 방식에는 그들에게 완전히 적합한 놀라운 무언가가 있다. 그들은 몸을 곧게 세우고 손은 물 밖으로 펴서 수영을 하기 때문에 땅에서 걷는 것처럼 보인다. 바다가 엄청나게 출렁거리고 파도가 산더미같이 밀려와 일렁거릴 때 그들은 코르크 조각처럼 오르락내리락하면서 어떻게 보면 물결을 업고 춤을 춘다."

콜벤은 계속해서 말한다. "호텐토트족은 사냥에 놀라울 정도로 능숙하고 상상을 초월해서 가볍게 달린다." 그는 그들이 자신들의 민첩함을 이따금 악용하지 않는 것에 놀라지만, 그가 드는 사례로 판단할 수 있듯이 어쩌다가 그런 일이 일어나기도 한다. "어느 네덜란드 선원이 케이프타운에 하선하여 호텐토트족 한 명에게 약 20파운드 되는 담배 뭉치를 지게 하고 시내까지 따라오게 했다. 두 사람이 무리에서 어느 정도 멀어지자 호텐토트족이 선원에게 뛰어갈 수 있는지 물었다. '달리는 것 말인가! 그럼, 아주 잘 달리지'하고 선원이 말했다. 아프리카인은 '자, 해봅시다'라고 다시 말하고는 담배를 가지고 눈 깜짝할 사이에 사라졌다. 선원은 놀라운 그 속도에 어리둥절하여 그를 쫓아갈 생각도 전혀 못 했는데, 담배도 짐꾼도 결코 다시 보지 못했다."

"호텐토트족들은 너무나 예리한 시선과 너무나 숙달된 손을 지니고 있어서 유럽인들이 그들에게 근접하지 못한다. 그들은 백 걸음 뒤에서도 동전 크기의 목표물을 돌로 단숨에 명중시킨다. 더욱 놀라운 것은 우리처럼 표적에 시선을 고정시키는 대신 몸을 끊임없이 움직이고 뒤튼다는 것이다. 그들은 보이지 않는 손으로 돌을 던지는 것 같다."

테르트Terte 신부는 서인도제도의 미개인을 두고 희망봉의 호텐토트족에 관해 우리가 방금 읽은 것과 동일한 것을 말하고 있다. 그는 그들이 날아가는 새와 헤엄치는 물고기를 화살로 정확하게 맞추는 것을 특히 칭찬한다. 그들은 곧장 잠수하여 물고기를 건져 낸다. 북아메리카의 미개인들도 힘과 기술에서 못지않게 유명하다. 남아메리카 인디언들의 힘과 기술을 판단할 수 있는 사례를 하나 들어 보겠다.

1746년 부에노스아이레스의 어느 인디언이 카디스에서 갤리선을 젓는 형벌을 받게 되자 축제에서 목숨을 걸을 테니 자유를 되찾고 싶다는 제안을 총독에게 했다. 그는 약속하기를 혼자서 가장 난폭한 황소를 손에 밧줄 하나만 들고 다른 무기 없이 공격하여 바닥에 쓰러뜨린 다음, 알려 주는 특정 부위를 밧줄로 묶고 안장을 얹어 굴레를 씌운 뒤 올라타겠다고 했다. 그런 다음 막 풀려난 더 난폭한 황소 두 마리를 공격하여 지시를 받자마자 누구의 도움도 받지 않고 한 마리씩 차례로 죽이겠다고 했다. 제안이 받아들여졌다. 인디언은 약속을 지켰고 자신이 약속한 모든 것을 성공시켰다. 그가 취한 행동의 방식과 싸움에 관한 상세한 내용은 그런 사실을 찾아낸 고티에Gautier 씨의 『박물학에 관한 고찰』, 12부, 1권, 262쪽을 참조할 수 있다.

❼ 뷔퐁 씨의 말에 따르면 "말들의 수명은 다른 모든 종과 마찬가지로 성장 기간에 비례한다. 14년 동안 성장하는 인간은 그 기간의 6~7배인 90세 내지 100세를 살 수 있다. 4년을 성장하는 말은 6~7배인 25년 내지 30년을 살 수 있다. 이 규칙에 어긋날 수 있는 사례는 극히 드물어서 어떤 결과를 끌어낼 수 있는 예외로 그것을 간주해서는 안 된다. 살찐 말들은 날씬한 말들보다 짧게 성장하는 까닭에 그만큼 오래 살지 못하고 15살부터 노화하기 시작한다."

❽ 나는 육식동물과 열매를 먹는 동물 사이에 앞의 주석에서 지적한 것보다 훨씬 더 일반적인 또 다른 차이가 있다고 생각한다. 그 차이는 새들에게까지 확대되기 때문이다. 이 차이는 새끼들의 수와 관련이 있는데, 식물만 먹고 사는 종들은 한 배에 결코 두 마리를 더 품지 않고, 육식 동물들은 보통 그 수를 넘어선다. 그 점에 관해 암말, 암소, 염소, 암사슴, 암양과 같은 첫 번째 종의 암컷들에게는 젖의 개수가 2개밖에 없고, 암캐, 고양이, 늑대, 호랑이 등의 암컷들에게는 6개 내지 8개의 젖이 있는 것을 보면 그 숫자로 자연의 목적을 쉽게 알 수 있다. 독수리, 새매, 올빼미와 같은 육식 조류인 암탉, 거위, 오리도 많은 수의 알을 낳아 품는다. 오직 곡식만을 먹는 비둘기, 멧비둘기와 같은 조류들에게는 그런 일이 결코 일어나지 않으

며, 오직 2개의 알을 한 번에 낳아 품을 뿐이다. 이런 차이가 생길 수 있는 이유는 풀과 식물만 먹고 사는 동물들은 거의 온종일 풀밭에 머물면서 먹이를 먹는 데 많은 시간을 쓸 수밖에 없으므로 여러 마리의 새끼들에게 젖을 충분히 먹일 수가 없기 때문이다. 반면에 육식동물들은 먹이를 거의 단번에 해치우므로 새끼들과 사냥에 더 쉽게, 더 자주 신경을 쓸 수 있고, 훨씬 더 많은 양이 소모되는 젖도 쉽게 채워진다. 이 모든 것에 대해서는 각별한 관찰과 성찰이 충분히 있어야 할 것이다. 하지만 이곳은 그런 장소가 아니고, 여기서 나는 자연의 가장 일반적인 체계, 즉 인간을 육식동물들의 강에서 빼어내어 열매를 먹고 사는 종들에 포함시키는, 새로운 논거를 제시하는 체계를 보여 준 것으로 만족한다.

❾   어느 유명한 저자가 인간의 삶에서 선과 악을 계산하고 그 둘의 합을 비교하여 보니 악이 선을 훨씬 더 능가한다는 것과 결국 삶이 인간에게 아주 나쁜 선물이라는 사실을 찾아냈다. 나는 그의 결론이 조금도 놀랍지 않다. 그는 자신의 모든 추론을 문명인의 구조에서 찾아내고 있다. 만약 그가 자연인에게까지 거슬러 올라갔다면 우리는 그가 아주 다른 결과를 얻었을 것이고, 인간은 자기 자신으로부터 주어진 것 말고는 악을 거의 지니고 있지 않으며, 자연의 정당화가 이루어졌을 것으로 판단할 수 있다. 우리는 쉽사리 자신을 너무나 불행하게 만든다. 한편으로, 인간의 끝없는 노동, 수많은 심오한 학문들, 기술의 발명, 힘의 이용, 채워진 간격, 나무가 베어진 산들, 조각난 바위들, 항해할 수 있는 큰 강, 개간된 땅, 깊이 파인 호

수, 말라 버린 늪, 땅 위에 세워진 거대한 건물들, 선박들과 선원들로 북적이는 바다를 관찰해 보면, 다른 한편으로 인류의 행복을 위한 모든 것의 결과인 최고의 이점을 조금만 성찰해 보면 이 두 가지 사이에 있는 놀라운 불균형에 충격을 받을 수밖에 없고, 어리석은 오만과 알 수 없는 헛된 자기 예찬을 위해 자신이 그렇게 될 수도 있지만 자비로운 자연이 배려하여 벗어나게 해 준 온갖 비참함을 저리도 열심히 좇아가는 인간의 무분별을 개탄할 수밖에 없다.

인간들은 사악하다. 슬프고도 지속적인 어떤 경험이 그 증거를 보여 준다. 다만 인간은 천성적으로 선한데, 나는 그것을 증명했다고 생각한다. 그렇다면 무엇이 인간을 이 정도로 타락시킬 수 있단 말인가? 인간의 구조에서 불시에 나타난 변화들, 인간이 이룬 발전, 인간이 얻은 지식이 아니고서는 말이다. 원하는 만큼 인간 사회를 찬양하라. 그럼에도 불구하고 그 사회가 그들의 이해관계가 커짐에 따라 필연적으로 서로를 증오하게 만들고 겉보기에는 서로를 돕는 것 같지만 실제로는 상상하기 힘든 온갖 해악을 서로에게 끼치는 것 역시 여전히 사실이다. 각 개인의 이성이, 공중의 이성이 사회 집단에 권장하는 것과 정반대의 원칙을 강요하고 저마다 타인의 불행에서 자신의 이익을 찾는 관계에 대해 무슨 생각을 할 수 있을까? 탐욕스러운 상속인들을 두고 있고, 많은 경우 자기 자녀가 있는 부자가 있을 때, 그가 죽기를 은근히 바라지 않는 사람은 없을 것이다. 바다에서 배가 난파하는 것이 몇몇 상인들에게는 희소식이 아닐 수 없고, 채무자라면 누구든지 서류가 보관되어 있는 집이 불타 버리기를 바랄 것이다. 또한 이웃 나라 국민의 재앙을 기뻐하지 않을 국민은 없을 것이다. 그런 식으로 우리는 동포들의 손해에서 이익을 찾고 어느 한쪽의 손실은 거의 항상 다른 한쪽의 번영이 되지만, 훨씬 더 위험한 것은 공중의 재앙이 개인들 다수의 기대이자 희망이라는 것이다. 어떤 사람들은 질병을, 또 다른 사람들은 불멸을, 또 어떤 사람들은 전쟁과 기근을 원한다. 나는 풍년의 조짐이 있자 고통스럽게 우는 역겨운 사람들을 보았고, 수많은 불행한 사람들에게서 목숨이나 재산을 앗아 간 런던의 치명적인 대화재로 아마도 만 명도 더 되는 사람들이 큰돈을 벌었을 것이다. 나는 아테네 사람 데마데스가 관을 상당히 비싸게 팔아, 죽은 시민들 덕분에 돈을 엄청나게 번 직공을 처벌한 사실을 두고 몽테뉴가 그를 비난했다는 것을 알고 있다. 하지만 몽테뉴가 내세운 논거는 모든 사람을 처벌해야 한다는 것이기 때문에 나의 논거를 확인시켜 주는 것이 분명하다. 따라서 우리의 보잘것없는 호의 표시 때문에 마음속에서 일어나는 일이 무엇인지 파악해야 하며, 모든 사람이 서로에게 호의를 품으면서도 서로를 해치고, 의무가 적을, 이해관계가 사기꾼을 만드는 일이 어떻게 일어나는지 성찰해 보아야 할 것이다. 만약 사회가 너무나 잘 구성되어 있어서 저마다 다른 사람들에게 봉사하는 것으로 이익을 본다고 내게 대답한다면, 나는 그들에게 해를 끼치는 것으로 훨씬 더 많은 이익을 얻지 않는다면 그것은 상당히 좋은 일이 될 것이라고 응수할 것이다. 대단히 정당한 이득이 불법적으로 얻을 수 있는 이득보다 많은 경우는 전혀 없고, 이웃에게 손해가 되는 것은 도움이 되는 것보다 항상 더 많은 이득을 가져다준다. 따라서 처벌을 받지 않도록 보장해 주는 방법을 찾는 것이 무엇보다도 중요하고, 그것을 위해 강자들은 있는 힘을 다 쓰고 약자들은 항상 술수를 쓴다.

미개인들은 밥을 먹고 나면 자연 전체가 평안하게 보이며 모든 동족과 친구로 지낸다. 종종 먹을 것을 두고 다투게 되지 않을까? 그들은 그 전에 상대를 이기는 어려움과 다른 곳에서 먹을 것을 구하는 어려움을 비교해 보고는 결코 싸움을 벌이지 않는다. 그 싸움에는 자만심이 뒤섞여 있지 않은 까닭에 주먹을 몇 차례 휘두르는 것으로 끝난다. 승자는 먹을 것을 먹고 패자는 다른 기회를 찾는다. 모든 것이 안정을 찾는다. 하지만 사회 속의 인간은 형편이 완전히 다르다. 우선은 필요한 것을 마련해 주고 다음에는 여분의 것을 주어야 한다. 희열이 오고, 다음으로 엄청난 부와 신하가, 그다음에는 노예가 주어진다. 그에게는 잠시 동안의 휴식도 없다. 더 특이한 것은 욕구가 자연스럽고 절실하지 않을수록 정념은 더 커지고, 더 나쁜 것은 그것을 충족시키는 힘도 더 커진다는 것이다. 그래서 나의 주인공은 오래도록 번영하고 엄청난 돈을 쓸어 담고 사람들을 유린한 다음 마침내 모든 것을 파산시키고 세상의 유일한 주인까지 될 것이다. 이런 것이 요약하자면 인간의 삶은 아니더라도 적어도 모든 문명인의 마음속에 있는 은밀한 바람의 심적인 밑그림이다.

문명인의 상태와 미개인의 상태를 편견 없이 비교해 보고, 그럴 수 있다면 사악함, 욕구, 비참함 이상으로 문명인이 어떻게 고통과 죽음의 새로운 문을 열었는지 연구해 보기 바란다. 여러분은 자연의 가르침을 우리가 무시할 때 자연이 얼마나 값비싼 대가를 치르게 하는지 느낄 것이다. 만약 당신이 우리를 소진시키는 정신적인 고통과 우리를 고갈시키는 격렬한 정념을, 가난한 사람들이 짊어지고 있는 과도한 노동, 부자들이 빠져들어 욕망으로 죽기도 하고 과용으로 죽기도 하는 훨씬 더 위험한 무기력을 관찰해 본다면 말이다. 만약 당신이 끔찍한 혼합물로 범벅된 음식과 해로운 양념, 부패한 식료품, 가짜 약, 그런 것들을 파는 사람들의 사기, 그것을 처방한 사람들의 잘못, 그것이 담겨 있는 용기의 독을 생각해 본다면 말이다. 만약 당신이 집단으로 모여 있는 사람들 사이의 나쁜 공기 때문에 발생한 전염병과 우리의 민감한 생활 방식, 야외에서 집안으로 번갈아 드나드는 일, 지나치게 조심성 없이 입고 벗는 옷 입는 방식, 우리의 지나친 관능성이 필요한 습관으로 만들어 버려 부주의하거나 결핍되면 곧 생명이나 건강을 해치는, 모든 치료가 유발하는 질병들에 주의를 기울여 본다면 말이다. 만약 당신이 도시 전체를 파괴하고 뒤집어 놓아 수많은 주민은 물론 나까지도 죽게 만드는 화재와 지진에 대해 생각해 본다면 말이다. 만약 당신이 이런 원인들 때문에 우리에게 끊임없이 일어나는 위험들을 헤아려 본다면 말이다.

나는 여기서 전쟁에 관해 내가 다른 곳에서 말한 것을 되풀이하지 않을 것이다. 다만 배운 사람들이 군대에서 식량 보급관들과 병원이 저지르는 끔찍한 일들에 대해 한 번쯤은 대중들에게 상세하게 들려주기 바란다. 그러면 그다지 비밀스러울 것도 없는 그들의 술책으로 가장 훌륭한 군대가 단숨에 무너져서 적의 칼에 죽는 것보다 더 많은 군인이 죽는다는 사실을 알게 될 것이다. 그것은 기아, 괴혈병, 해적, 화재, 난파 등으로 바다가 해마다 집어삼키는 사람들 못지않은 놀라운 숫자이다. 암살과 독살, 노상강도와 범죄에 대한 처벌까지도 확립된 소유 제도 탓으로, 결과적으로는 사회 탓으로 돌려야 함이 명백한데, 더 큰 악행을 막기 위해 처벌이 필요하지만, 한 사람을 죽이는 것은 두 사람 혹은 그 이상의 생명을 앗아 가는 것이기 때문에 처벌이 실제로는 인류의 인적 손실을 배로 늘리지 않게 하는 것이다. 사람들이 태어나는 것을 막고 자연을 기만하는 수치스러운 수단들이 얼마나 많은가? 그런 일은 자연의 더욱 매력적인 업적을 모욕하는 폭력적이고 타락한 취향, 즉 미개인들도 동물들도 결코 알지 못했던, 타락한 상상에 의해서만 문명 국가에서 태어난 취향에 의해, 방탕과 불명예에 걸맞는 결과물인 은밀한 낙태에 의해, 부모의 빈곤과 어머니들의 야만적인 치욕의 희생물인 수많은 아이의 유기나 살해에 의해 생겼다. 결국에는 존재의 한 부분과 후손 전체가 헛된 속삭임에 희생된, 더 나쁜 것은 몇몇 사람들의 난폭한 시기심에 희생된 불행한 사람들의 거세에서 비롯된 것이다. 이 마지막 경우, 거세야말로 그것을 겪는 사람들이 받는 대접과 그들에게 운명지어진 관행에 비추어 자연을 이중으로 모욕하는 것이 된다.

만약 인류가 기원은 물론 모든 관계에서 가장 신성한 것까지 공격당하고 있음을 내가 보여 주려고 한다면 어떻게 될 것인가? 그런 상황에서 우리는 재산을 계산해 본 다음에야 자연의 소리에 귀를 기울일 뿐이며, 사회적 무질서가 미덕, 악덕과 뒤섞여 있기 때문에 금욕은 범죄의 예방이 되고 출산에 대한 거부는 동류에게 인간적인 행위가 된다. 하지만 우리는 엄청난 혐오를 뒤덮고 있는 장막을 거두는 것 말고 다른 사람들이 구제해야 하는 악에 대해 지적하는 것으로 만족한다.

이 모든 것에 생명을 단축시키거나 체질을 망가뜨리는 유해한 직업들, 즉 광산 노동, 특히 납·구리·수은·코발트·비소·계관석 같은 금속과 광물의 다양한 분리 작업을 덧붙여 말해 보자. 기와장이·목수·석공·채석공 같은 수많은 노동자의 생명을 매일 앗아 가는 위험한 또 다른 직업들을 더해 보자. 이 모든 것들을 모아 놓으면 여러 철학자가 관찰했듯이, 사회가 수립되어 완성되면서 인류가 감소된 이유를 알게 될 것이다.

자기 자신의 안락과 타인들의 존경을 갈망하는 사람들에게 나타나는, 절제가 불가능한 사치는 사회가 만들어 낸 악을 곧 완성하며, 가난한 사람들을 먹여 살린다는 불필요한 구실로 나머지 사람들을 가난하게 만들어 조만간 국가의 인구를 감소시킨다.

사치는 악을 치유한다고 하지만 그것보다 훨씬 더 해로운 치유책이다. 보다 정확히 말해 사치는 어느 나라에서든 크거나 작거나 모든 악 가운데 그 자체로서 가장 해로운 것이며, 그것 때문에 생겨난 많은 고용인과 불행한 사람들의 생계를 위해 농민들과 시민들을 짓누르고 파산시킨다. 사치는 남쪽 지방의 열풍과 흡사한데, 그 바람은 풀과 초목을 게걸스러운 식욕의 곤충들로 뒤덮어 유익한 동물들에게서 먹이를 빼앗고 그것이 부는 곳이면 어디서든지 흉작과 죽음을 가져온다.

사회와 그 사회가 만들어 낸 사치에서 교양과 공예, 상업, 문학이 발생하고, 산업을 꽃피우며 국가를 부유하게 만들지만 결국에는 소멸시키고 마는 일체의 무익한 것들이 태어난다. 이런 쇠퇴의 원인은 대단히 단순하다. 본래 농업이 모든 기술 중에서 이익이 가장 적어야 한다는 것은 쉽게 알 수 있다. 왜냐하면 그 생산물은 모든 사람에게 가장 필수적인 까닭에 그 가격이 가장 가난한 사람들의 능력에 맞춰져 있기 때문이다. 같은 원리에서 이런 규칙을, 그러니까 일반적으로 기술은 그것의 유용성에 반비례하여 이득이 커지므로 결국 가장 필요한 것들이 가장 소홀해진다는 규칙을 끌어낼 수 있다. 그것으로부터 산업의 진정한 이익과 그 발전에서 얻어진 실제 효과에 대해 어떻게 생각해야만 하는지 알 수 있다.

이런 것들이야말로 가장 존경받던 나라들이 종국에는 호사 때문에 빠져드는 온갖 불행의 분명한 원인들이다. 산업과 기술이 성장하고 꽃피움에 따라 농민들은 멸시받고 사치를 유지하는 데 필요한 세금을 떠맡게 되며, 노동과 기근 사이의 삶을 벗어날 수 없어 밭을 버리고 자신이 빵을 대 주어야 하는 도시로 오히려 빵을 구하러 간다. 자본이 국민의 어리석은 눈을 현혹시킬수록 버려진 농촌과 황폐한 땅, 걸인이나 강도가 되어 노상에 넘쳐나고 마침내 어느 날 차형車刑에 처해지거나 오물 속에서 비참해지고야 말, 불쌍한 시민들을 보고 더욱더 신음하게 될 것이다. 그런 식으로 국가는, 한편으로는 부유해지지만 다른 한편으로는 쇠락하고, 인구가 감소하여 가장 강한 군주들만이 홀로 호사스럽게 살려고 일을 벌이다가 마침내 가난한 국민들의 먹잇감이 되고 만다. 이 국민들은 그들을 공격하고자 하는 불행을 초래하는 유혹에 굴복하여 부자가 되지만 결국에는 쇠약해져서 다른 국민들에게 그들 자신이 침략을 당해 파멸하고 만다.

그토록 오랜 세월 동안 유럽과 아시아, 아프리카에서 왜 수많은 미개인이 넘쳐났는지 누가 한번 설명해 주겠는가? 그들이 놀라운 수의 인구로 늘어난 것은 솜씨 좋은 기술과 지혜로운 법, 뛰어난 통치 덕분이었을까? 학자들이 우리에게, 그 정도까지는 증가하지 않았지만 지식도 참을성도 없고 교육도 받지 않은 사납고 난폭한 그 사람들이 왜 목초지와 사냥터를 차지하려고 시시때때로 서로를 죽이지 않았는지, 그 이유를 말해 주기 바란다. 어떻게 그 비천한 사람들이 너무나 훌륭한 군사 규율과 법규, 너무나 지혜로운 법이 있는 능란한 우리 조상들에게 대담하게 맞섰는지 우리에게 설명해 주기 바란다. 마지막으로 사회가 북방의 여러 나라에서 발전하고, 인간에게 서로에 대한 의무와 즐겁고 평화롭게 어울려 사는 법을 가르치려고 많은 노력을 기울인 이래, 그 국가들이 예전에 배출한 그 많은 사람과 비슷한 인물들이 왜 더 이상 나오지 않는지 설명해 주기 바란다. 나는 누군가에게 이런 대답을 듣지 않을까 두렵다. "이 모든 대단한 것들, 말하자면 기술과 학문, 법 등이, 우리가 살아가야 할 이 세상이 마침내는 주민들이 살기에 지나치게 좁아지는 것을 염려하여 종의 과도한 증가를 막기 위한 이로운 페스트로서 인간이 대단히 신중하게 만들어 낸 것들은 아닌지"라고 말이다.

그렇다면 어떻게 해야 한다는 말인가? 사회를 파괴하고 유대를 끊고 숲으로 돌아가 곰과 함께 살아야 한다는 말인가? 이런 결론은 나의 적들이 내리는 방식이고 나는 그들이 그런 결론을 내려 수치를 당하게 내버려 두면서도 그것을 막고도 싶다. 하늘의 목소리를 전혀 듣지 못해 이 짧은 삶을 평화롭게 마치는 것 말고 여러분의 종에게 다른 운명을 인정하지 않는 당신들이여. 도시 한가운데 자신이 얻은 해로운 것과 불안한 정신, 타락한 마음, 절제되지 않은 욕망을 남겨 두고 죽을 수 있는 당신들이여, 당신들에게 달린 일이니 아주 오래되고 처음에 있었던 그 순수함을 되찾으시오. 숲으로 가서 당신들과 동시대인들의 죄악을 보지 말고 잊으시오. 악덕을 버리기 위해 지식을 단념한다고 해서 당신들의 종을 타락시키지 않을지 조금도 걱정하지 마시오. 나와 비슷한 인간들에 대해 말하자면 정념이 최초의 순박함을 파괴해 버렸고 더 이상 풀과 도토리를 먹고 살 수도 없으며 법과 지도자 없이 지낼 수도 없다. 그들은 최초의 조상들에게서 받은 초자연적인 가르침을 영광스러워했고, 인간의 행위에 그것이 오래도록 얻지 못했던 도덕성을 우선 부여하려는 의도 속에서 그 자체로서는 대단치 않고 다른 모든 체계로도 설명할 수 없는 규범의 근거를 알게 될 것이다. 한마디로 그들은 신의 목소리가 전 인류를 하늘의 영적 존재의 빛과 행복으로 이끌 것임을 확신한다. 그 사람들 전부는 자신들이 알고 행해야 하는 미덕의 훈련을 통해 그것에 대해 기대할 만한 영원한 보상을 당연히 받으려고 애쓸 것이다. 또한 그들은 자신들이 구성원인 사회의 신성한 관계를 존중할 것이다. 그들은 자신들의 동류들을 사랑할 것이며 온 힘을 다해 그들을 도울 것이다. 그들은 법과 법의 입법자와 집행자들에게 성심성의껏 복종할 것이다. 그들은 언제든지 우리를 짓누를 채비가 되어 있는 그 무수한 폐습과 악을 막아 내고 치유하고 완화시킬 줄 아는 선량하고 현명한 군주들을 특히 존경할 것이다. 그들은 두려움도 아첨도 없이 훌륭한 지도자들의 위대한 임무와 준엄한 의무를 그들에게 알려 줌으로써 그들의 열의를 고무시킬 것이다. 하지만 그들은 온갖 노력에도 불구하고 겉으로 드러난 이익보다 실제적인 재앙이 항상 더 생겨나는 까닭에 원해도 결코 얻지 못하는 훌륭한 많은 사람의 도움에 기대서만 유지될 수 있는 정체를 꽤나 경멸할 것이다.

❿　우리가 직접 혹은 역사가들이나 여행가들을 통해 알고 있는 사람들 중에는 흑인도 있고 백인도 있고 붉은색 인종도 있다. 어떤 사람들은 긴 머리를 하고 있고 또 다른 사람들은 촘촘한 곱슬머리이다. 어떤 사람들은 완전히 털이 덥수룩하고 또 다른 사람들은 수염조차 없다. 과거에도, 어쩌면 아직까지도 거인족들이 사는 국가가 있을 것이다. 과장에 불과할 수 있는 피그미족들의 이야기는 접어두더라도 알다시피 라플란드인들, 특히 그린란드인들은 인간의 평균 신장을 훨씬 밑돈다. 네발짐승처럼 꼬리가 달린 멀쩡한 민족이 있다는 주장까지 있다. 헤로도토스와 크테시아스의 이야기를 전적으로 믿지는 않더라도 적어도 상당히 믿을 만한 이런 의견을 끌어낼

수 있다. 다양한 민족들이 오늘날보다 서로 훨씬 다른 생활 방식을 따르던 고대를 잘 관찰해 보면 신체적 형태와 습관에서 훨씬 더 놀라운 다양성을 확인할 수 있었을 것이다. 반박할 수 없는 증거들을 쉽게 제공해 주는 이런 모든 사실은, 주변 사물들만을 바라보는 데 익숙하고 다양한 기후와 공기, 기후, 생활 방식, 일반적인 습관 등의 강력한 효과, 특히 같은 원인이 여러 세대에 지속적으로 작용할 때의 놀라운 힘을 모르는 사람들만을 놀라게 할 수 있다. 거래와 여행, 정복 덕분에 다양한 민족들이 더 많이 모이게 되고 빈번한 소통으로 그들의 생활 방식이 끊임없이 서로 가까워지는 오늘날, 민족들 간의 어떤 차이들은 좁혀진다. 예를 들어 오늘날의 프랑스인들이 로마 역사가들이 묘사한 것처럼 흰 피부와 금발의 큰 체격이 더 이상 아니라는 것을 확인할 수 있다. 하얀 피부에 금발을 지닌 프랑크족들과 노르만족들의 혼혈에 세월의 흔적이 보태져서, 로마인들과의 빈번한 접촉으로 기후의 영향에서 벗어났던 부분이 주민들의 본래 체격과 피부색에 있어서 회복되었을지도 모르지만 말이다. 수많은 원인들이 인류에게 야기할 수 있고 실제 만들어 낸 다양성을 모두 관찰해 보면, 나는 이런 의구심을 가지게 된다. 여행가들이 짐승으로 여긴 인간과 흡사한 아주 다양한 동물들이 많은 조사가 이루어지지 않아서였는지, 외형상으로 관찰한 몇몇 차이 때문이었는지, 단지 동물들이 말을 못 해서였는지, 이들이 실제로는 진짜 미개인들이 아닌지 의심스럽다. 옛날 숲속에 흩어져 살던 이들 인종은 어떠한 잠재적인 능력도 개발할 기회가 없었던 까닭에 어느 정도의 완성도 보지 못하고 여전히 자연의 원시 상태에 있는 것이다. 내가 말하고자 하는 것에 대해 한 가지 예를 들어 보기로 하자.

『여행기』 옮긴이의 말이다.

"동인도에서는 오랑우탄이라고 부르는 많은 수의 큰 동물들이 콩고 왕국에서 발견됐는데 이들은 인류와 비비류 원숭이의 중간쯤 된다. 바텔의 말에 따르면 로앙고 왕국의 마욤바숲에는 퐁고와 양조코라는 이름의 두 종류의 엄청나게 큰 괴수가 있다. 전자는 인간과 완전히 닮았다. 하지만 훨씬 더 살이 찌고 신장도 더 크다. 이들은 사람 얼굴을 하고 있으며 두 눈은 움푹 들어가 있다. 두 손과 뺨, 귀에는 털이 없고 상당히 긴 눈썹은 예외이다. 몸의 나머지 부분에는 상당히 털이 많지만 그다지 두텁지 않으며 갈색이다. 마지막으로 인간과 다른 유일한 부분은 장딴지가 없는 다리이다. 그들은 손으로 목의 털을 잡고 똑바로 걸으며 은신처는 숲속에 있다. 잠은 나무 위에서 자며 비를 피하게 해 줄 일종의 지붕을 만들어 놓았다. 먹이는 야생 열매와 호두이며 고기는 절대 먹지 않는다. 흑인들에게는 숲을 지나가면서 밤에 불을 피우는 관습이 있다. 그들은 아침에 떠나면서 퐁고들이 불 주위에 자리를 잡고 있다가 불이 꺼진 다음에야 자리를 뜨는 광경을 목격하게 된다. 왜냐하면 재주가 상당히 뛰어난 퐁고들이지만 나무를 가져와 불을 살릴 정도의 지각력은 없기 때문이다."

"이들은 이따금 무리 지어 걸으며 숲을 지나는 흑인들을 죽이기도 한다. 이들은 자신들이 사는 장소에 풀을 뜯으러 오는 코끼리들에게 덤벼들어 주먹질이나 막대기로 강하게 쳐서 괴롭히고 울음소리를 내며 도망가게 만든다. 풍고는 너무나 힘이 세서 열 명이 달려들어도 붙잡을 수 없기 때문에 결코 생포할 수 없다. 하지만 흑인들은 어미를 죽인 다음에 어미 몸에 꼭 붙어 있던 새끼들을 여러 마리 잡는다. 이 동물들 중 한 마리가 죽으면 다른 놈들이 나뭇가지나 나뭇잎으로 시체를 덮어 준다. 퍼처스는 바텔과 대화 중에 나눈 이런 말을 덧붙인다. 풍고 한 마리가 데려간 흑인 아이가 그 동물들 무리에서 온전히 한 달을 보냈다. 흑인 아이가 지켜보았듯이 이들은 인간을 갑자기 만나더라도 적어도 인간이 자신들을 전혀 쳐다보지 않는다면 어떤 해도 끼치지 않는다. 바텔은 두 번째 종류의 괴수에 대해서는 전혀 기술한 바가 없다."

다퍼가 확인한 바에 따르면, "콩고 왕국에는 동인도에서 오랑우탄, 즉 숲의 사람이라고 부르고 아프리카인들은 쿠오자 모로라고 부르는 그런 동물들이 넘쳐난다. 그 짐승은 인간과 너무 흡사하여 어떤 여행자들은 여자와 원숭이 사이에서 태어난 것이 아닌가 하는 생각이 문득 들기도 했다. 흑인들조차 그런 망상은 거부한다. 이 동물들 중 한 마리가 콩고에서 네덜란드로 보내졌는데, 오랑주공 프리드리히 하인리히가 받게 되었다. 그 녀석은 3살 아이 정도의 신장에 살이 많이 찌지는 않았지만 다부지고 균형 잡혔으며 상당히 재빠르고 생기가 넘쳤다. 살이 통통한 두 다리는 튼튼했고, 몸의 앞쪽에는 털이 없었지만, 등은 검은 털로 덮여 있었다. 얼핏 보면 얼굴은 인간과 닮았지만 납작한 매부리코를 하고 있었다. 귀도 인간과 닮았으며 암컷이었기 때문에 가슴은 볼록하고 배꼽은 쏙 들어가 있었다. 어깨는 상당히 강건했고 손은 엄지와 다른 손가락으로 나뉘어 있었고 장딴지와 발뒤꿈치는 통통하게 살이 쪄 있었다. 줄곧 두 다리로 똑바로 걸었으며 상당히 무거운 짐을 들어서 옮길 수 있었다. 술을 마시고 싶으면 한 손으로 항아리 뚜껑을 잡고 다른 한 손으로 바닥을 받쳤다. 그런 다음에는 우아하게 입술을 닦았다. 잠을 잘 때는 베개를 베었으며 사람이 침대에서 하는 것처럼 아주 능숙하게 이불을 덮었다. 흑인들이 이 동물에 대한 기이한 이야기를 한다. 이 녀석들은 성인 여자들과 여아들을 힘으로 제압할 뿐 아니라 무장한 남자들까지 공격한다고 분명히 말한다. 한마디로 녀석들은 외관상 많은 점에서 고대인들이 말하는 사티로스와 같다. 메롤라는 흑인들이 이따금 사냥을 하면서 미개인 남녀를 잡는다고 말하는데 아마도 이 동물들만을 두고 하는 말인 듯싶다."

그는 같은 『여행기』 3권에서 '베고스'와 '맨드릴'이라는 이름의 유인원류에 대해 계속 언급하고 있다. 앞의 이야기들과 관련이 있지만 우리는 소위 이 같은 괴수에 대한 묘사에서 인류와 놀라울 정도의 유사성을 발견하는데, 그 차이점은 인간과 인간 사이의 차이보다 훨씬 더 적다. 저자들이 그 구절에서 문제의 그 동물들에게 미개인이라는 명칭을 쓰지 않는 이유는 전혀 나타나 있지 않지만, 이들이 어리석고 말을 하지 못하기 때문이라는 것을 쉽게 짐작할 수 있다. 이 같은 이유들은, 발성기관은 인간에게 고유한 것이지만 말 자체는 선천적인 것이 아니라는 사실을 알고 있는 사람들과, 인간의 개선 가능성이 어느 정도로 문명인을 최초의 상태 이상으로 끌어올릴 수 있는지 알고 있는 사람들에게는 설득력이 약하다. 우리는 이같이 묘사가 나타나 있는 불과 몇몇 구절만으로도 어느 정도로 이 동물들을 잘못 관찰한 것인지, 편견을 가지고 잘못 본 것인지 판단할 수 있다. 예를 들어 이들은 괴수라고 불리지만 새끼를 낳는다는 사실은 인정받는다. 어느 구절에서 바텔은 퐁고들이 숲을 지나가는 흑인들을 죽인다고 말하지만 또 다른 구절에서 퍼처스는 이들에게 갑자기 다가가지 않고 적어도 이들을 일부러 쳐다보지 않는 한 그런 법은 없다는 말을 덧붙이기도 한다. 퐁고들은 흑인들이 피워 놓았다가 물러간 불 주위에 모여들었다가 불이 꺼지면 이들도 자리를 뜬다. 그런 사실에 대한 관찰자의 해석에 따르면, "이들은 상당히 영리하지만 나무를 가져와 불을 지필 정도의 분별력은 없다"라는 것이다. 나는 바텔이나 편집자 퍼처스가, 퐁고들이 물러가는 것이 이들의 의지라기보다는 어리석음의 결과임을 어떻게 알 수 있었는지 추측이라도 해 보고 싶다. 로앙고 같은 기후에서 불은 동물들에게 아주 긴요한 것이 아니며, 흑인들이 불을 피워 놓는다면 그것은 추위를 이기기 위한 것이 아니라 사나운 짐승들에게 겁을 주기 위해서이다. 따라서 퐁고들이 잠시 불꽃을 즐기거나 몸을 데운 다음에 같은 장소에 계속 머무는 것이 지루하여, 육식을 먹는 것보다 더 많은 시간을 요구하는, 먹이를 구하러 가는 것은 쉽게 이해가 된다. 더구나 잘 알려져 있다시피 인간도 예외 없이 대부분의 동물은 천성적으로 게으르고 꼭 필요한 일이 아니면 일체의 수고를 마다한다. 끝으로 솜씨 좋고 힘이 세다고 칭찬받는 퐁고들이 시체를 매장하고 나뭇가지로 지붕을 만들 줄 아는데 불씨를 지필 줄 모른다는 것은 상당히 이상하게 보인다. 나는 퐁고들이 할 수 없다고 여겨지는 그런 일을 원숭이가 하는 것을 본 기억이 있다. 사실인즉, 당시 내 생각은 다른 곳에 팔려 있었기 때문에 여행가들을 비난한 잘못을 스스로 범하고 말았다. 나는 원숭이의 의도가 실제 불을 계속 피우는 것이었는지, 아니면 내가 생각한 바, 단순히 인간의 행위를 모방한 것이었는지 조사하는 데 소홀했다. 어쨌든 원숭이는 말을 하는 능력이 없을 뿐 아니라 특히 이 종은 인류 고유의 특성인 개선하는 능력이 조금도 없는 것이 분명하기 때문에 인간의 변종은 아닌 것으로 증명되었다. 이 같은 실험이 퐁고와 오랑우탄에 대해서도 같은 결론을 이끌어 낼 수 있을 정도로 세심하게 이루어진 듯싶지는 않다. 하지만 오랑우탄이나 그 밖의 동물들이 인류에 속해 있었다면 가장 어설픈 관찰자들도 논증을 통해 그것을 확인할 수 있는 어떤 수단이 있을 것이다. 다만 한 세대만을 대상으로 하는 실험은 충분하지 않을 것이고 뿐만 아니라 실행 불가능한 것으로 여겨질 것이다. 왜냐하면 가설에 불과한 것은, 사실을 증명해야 하는 실험이 순수하게 이루어질 수 있기 전에, 진실인 것으로 증명될 필요가 있기 때문이다.

명확한 이성의 결과물이 전혀 아닌 성급한 판단은 극단으로 치닫게 마련이다. 여행가들은, 고대인들이 사티로스, 파우누스, 실바누

스라는 이름으로 신으로 만든 같은 존재들을 풍고, 맨드릴, 오랑우탄이라는 이름으로 무례하게 짐승으로 만들었다. 아마도 더 정확한 연구를 한 다음에는 이들이 인간임을 알게 될 것이다. 지금으로서는 그 점에 대해 학식 있는 수도사이자 목격자이고 순박하면서도 재기 넘치는 메롤라를 따를 만한 충분한 이유가 있다. 상인 바텔과 다퍼, 퍼처스, 그 밖의 다른 편집자들에 대해서도 마찬가지이다.

내가 앞서 말한 바 있는 1694년에 발견된 아이에 대해 그들과 같은 관찰자들은 어떤 판단을 내렸을 것으로 생각하는가? 이성의 흔적이라고는 찾아볼 수 없고 두 발과 두 손으로 걸으며 언어를 전혀 사용하지 못하고, 인간의 것과는 전혀 닮지 않은 소리를 내는 아이에 대해서 말이다. 이 사실을 내게 알려 준 예의 철학자가 말을 계속 이어 갔다. "여전히 어설픈 수준이었지만 몇 마디를 할 수 있게 되기까지는 상당히 오랜 시간이 걸렸습니다. 아이가 말을 할 수 있게 되자마자 처음 상태에 대한 질문을 받았지만, 우리가 요람 속에서 있었던 일을 기억하지 못하듯이 아무것도 기억하지 못했습니다." 만약 불행하게도 그 아이가 우리가 말하는 여행가들의 손에 붙들렸다면 의심할 여지도 없이 아이가 말을 못 하고 우둔하다는 것을 알고 그들은 아이를 숲으로 돌려보내거나 동물원에 가둘 생각을 했을 것이다. 그런 다음에 그들은 훌륭한 견문기에서 아이를 두고 인간과 상당히 흡사한 이상한 짐승이라고 유식하게 말했을 것이다.

삼사백 년 전부터 유럽인들은 세계 각지로 물밀듯이 들어가 새로운 여행기와 보고서를 끊임없이 출간했지만 나는 우리가 인간에 대해서는 유럽인들밖에 알지 못한다고 확신한다. 문인들 사이에서도 사라지지 않는 우스꽝스러운 편견들을 지니고, 저마다는 인간에 대한 연구라는 화려한 수식으로 그저 자국민에 대해 연구하는 듯싶다. 개인들은 왕래를 한다지만 철학은 여행을 전혀 하지 않기에, 한 민족의 철학이 다른 민족에게 적합한 것은 아니다. 그것의 이유는 명백한데, 적어도 멀리 떨어져 있는 나라들에 있어서는 그렇다. 멀리 여행하는 사람들은 선원들, 상인들, 군인들과 선교사들 이렇게 네 종류밖에 없기 때문이다. 그런데 앞의 세 부류가 훌륭한 관찰자의 역할을 할 것이라고 기대해서는 안 될 것이다. 부르심이라는 숭고한 소명에 골몰하는 네 번째 부류는 다른 모든 사람처럼 직업적 편견에 쉽게 빠지지는 않지만, 순수한 호기심으로 이루어지고 자신들에게 주어진 더 중요한 일들을 멀어지게 만드는 그런 연구에 기꺼이 전념하지 않을 것으로 믿을 수밖에 없다. 더구나 복음서를 유익하게 설교하기 위해서는 열의만 있으면 되고 나머지 것들은 신이 부여한다. 하지만 인간을 연구하기 위해서는 신이 주겠다고 약속한 바 없고 성인들의 몫도 아닌 재능이 필요하다. 성격과 풍속이 기술되지 않은 여행서는 한 권도 없다. 하지만 정말 놀라운 사실은 많은 것을 묘사한 그 사람들이 저마다 이미 아는 것만 말했고, 세상 다른 끝에서도 자신들이 사는 거리를 떠나지 않은 채 보고자 하는 것만을 볼 수 있었으며, 민족들을 구분해 주고 눈이 있다면 강한 인상을 줄 그 특징들을 거의 항상 알아보지 못했다는 것이다. 바로 그것에서 어설픈 철학자 무리가 귀에 못이 박히도록 이야기하는, 인간들은 어딜 가도 같다는 그 대단한 격언이 유래한다. 또한 사람들은 어디서나 동일한 정념과 악덕을 지니고 있는 까닭에 여러 민족의 특징을 찾으려고 애쓰는 일은 꽤나 무익하다는 것이다. 그것은 피에르와 자크가 둘 다 코와 입, 눈이 있기 때문에 서로를 구분할 수 없다고 말하는 것과 거의 같은 이치이다.

민중들이 철학을 할 생각은 전혀 없는 시대였지만 지식욕에 충만한 플라톤과 탈레스, 피타고라스가 오직 알기 위해 대여행을 시도하여 멀리까지 나가 민족적 편견의 굴레에서 벗어났고, 유사성과 차이를 통해 인간을 아는 법을 배웠고, 한 세기나 한 나라에 국한된 지식이 전혀 아니라 모든 시대와 모든 장소에 속해 있어서 이를테면 현자들의 공통된 학식인 보편적 지식을 얻을 수 있었던 그 행복한 시대가 다시 오는 것을 결코 볼 수 없단 말인가?

호기심 많은 사람은 학자들과 화가들을 데리고 많은 비용을 들여 동양으로 여행을 했거나 여행을 보내 누옥을 그리고 비명碑銘을 해독하거나 필사했는데 그들의 여유가 감탄스럽다. 하지만 나는 훌륭한 지식을 자부하는 이 시대에 한 사람은 부유하고 다른 한 사람은 재능이 있는, 잘 결합된 두 사람이 왜 없는 것인지 납득하기 어렵다. 두 사람 모두는 영광을 원하고 불멸을 갈망하여 한쪽은 자기 재산 중 2만 에퀴를 투자하고, 다른 한쪽은 인생에서 10년을 세계 여행에 쏟아 부어 항상 암석과 식물이 아닌 이번에는 인간과 풍속을 연구하려 하고, 또 오래도록 집을 측정하고 검토하는 데 전념하다가 마침내 그 주민들에 대해 알고자 하는 그런 사람들이 없단 말인가.

아카데미 회원들은 유럽의 북쪽 지방과 미국의 남부 지방을 돌아다니면서 철학자로서보다는 기하학자로서 탐방을 했다. 하지만 그들은 양쪽의 특성을 동시에 가지고 있었으므로 우리는 라 콩다민과 모페르튀이 같은 사람들이 보고 묘사한 지역을 완전히 미지의 곳으로 간주할 수는 없다. 보석상 샤르댕은 플라톤처럼 여행을 했지만 페르시아에 대해 아무 말도 남기지 않았다. 중국에 대해서는 예수회 수도사들이 잘 관찰한 듯싶다. 켐퍼는 그가 일본에서 본 얼마 안 되는 것들에 대해 그럴듯한 생각을 드러내고 있다. 이런 여행기들을 제외하면 우리는, 머리보다는 돈지갑을 채우는 데 더 관심 있는 유럽인들만이 빈번하게 드나든 동인도의 민족들에 대해 전혀 알지 못한다. 아프리카 전체와 성격, 피부색이 독특한 그곳의 수많은 주민에 대해서는 더 조사해 보아야 한다. 지구 전체에는 우리가 이름밖에 알지 못하는 민족들이 살고 있는데, 우리는 인류에 대해 판단할 생각을 하고 있다! 몽테스키외, 뷔퐁, 디드로, 뒤클로, 달랑베르, 콩디야크 그리고 그런 기질을 지닌 사람들이 자기 동포들을 가르치기 위해 여행을 하고, 터키와 이집트, 바르바리아 지방, 모나코 제국, 기니, 카프라리아 지방의 나라들, 아프리카 내륙과 동쪽 지방, 말라바르 지방, 무굴 제국, 갠지스강, 시암 왕국, 페구와 아바 제국, 중국, 타타르, 특히 일본, 그리고 다른 쪽 반구의 멕시코와 페루, 칠레, 마젤란해협, 진짜든 가짜든 파타고니아 사람들까지, 투쿠만, 허락하면 파라과이도, 브라질, 마지막으로 카리브인들, 플로리다와 모든 미개 지역 등을 할 수 있는 만큼 관찰하고 묘사한다고 가정해 보면, 그 여행은 가장 중요하고 가장 정성을 기울여야 할 여행이다. 또 다른 헤라클레스들이 이 기념비적인 여정에서 돌아와 그들이 보았을 것들의 자연, 도덕, 정치에 관한 역사를 마음껏 쓴다고 가정해 보자. 우리는 그들의 펜 아래서 신세계가 나오는 것을 직접 볼 것이며 그런 식으로 우리의 세계를 아는 법을 배울 것이다. 나는 그런 관찰자들이 어떤 동물에 대해서는 사람으로, 또 다른 동물에 대해서는 짐승으로 단언할 때 그들의 말을 믿어야 할 것이라고 말한다. 하지만 그 점에 대해 어설픈 여행가들의 말을 믿는 것은 참으로 순진한 짓이다. 우리는 여행자들에 대해 그들이 다른 동물들에 대해 풀고자 하는 바로 그 의문과 같은 물음을 이따금 던지고 싶을 것이다.

⓫　내가 보기에 그것은 확실하다. 나는 철학자들이 자연인에게 있다고 주장하는 일체의 정념이 어디에서 태어날 수 있는지 이해할 수 없을 것 같다. 자연 자체가 요구하는 유일한 물질적인 필요성 이외에 우리의 모든 욕구는 습관이 되기 전에는 전혀 욕구가 아니었고 습관에 의해 혹은 욕망에 의해 그렇게 된 것이다. 또한 우리는 자신이 알 수 없는 것은 전혀 바라지 않는다. 그래서 미개인은 자신이 아는 것들만 원하고, 소유할 능력이 있거나 쉽게 얻을 수 있는 것들만 알기 때문에 그의 마음만큼 그렇게 평온하고 그의 정신만큼 그렇게 둔한 것은 아무것도 없다.

⓬　나는 로크의 『시민 정부론』에서 모른 체하기에는 너무나 그럴듯해 보이는 반박을 발견했다.

"암컷과 수컷 사이의 결합의 목적은 단지 생식을 위한 것이 아니라 종을 유지하는 것이기 때문에 그 결합은 생식 이후에도, 적어도 새끼의 수유와 보호에 필요한 시간만큼, 즉 필요한 것을 스스로 마련할 수 있을 때까지 지속되어야 한다. 그 규칙은 창조주의 무한한 지혜가 자신의 손으로 만든 피조물에 대해 정한 것인데, 우리는 인간보다 열등한 피조물들이 그 규칙을 지속적으로 그리고 정확하게 지키고 있음을 안다. 풀을 먹고 사는 동물들에게서 암컷과 수컷 사이의 결합은 매번 이루어지는 짝짓기 행위 이상으로 오래 지속되지 않는다. 왜냐하면 암컷의 젖이 새끼들이 풀을 뜯어 먹을 수 있을 때까지 이들을 충분히 키울 수 있으므로, 수컷은 새끼를 낳는 것에 족하고 그런 다음에는 자신이 전혀 기여할 수 없는 암컷과 새끼들의 생존에 더 이상 끼어들지 않기 때문이다. 하지만 먹이를 사냥하는 동물들에게서 결합은 더 오래 지속된다. 왜냐하면 어미는 혼자서 잡은 먹이만으로는 새끼들에게 충분한 먹을거리를 마련해 주며 키울 수 없고, 먹이를 얻는 방식도 초식보다 훨씬 고되고 위험하므로, 수컷의 도움이, 이런 용어가 허락된다면, 공동 가족의 유지에 전적으로 필요하고 먹이를 찾으러 갈 수 있을 때까지는 수컷과 암컷의 보살핌이 있어야만 살아갈 수 있기 때문이다. 모든 조류에게서도 같은 것이 눈에 띄는데, 먹을 것이 항상 풍부하여 수컷이 새끼를 키울 필요가 없는 집에서 키우는 몇몇 새들은 예외이다. 둥지 속 새끼들이 먹이를 필요로 하는 동안 수컷과 암컷은 이들이 날 수 있고 스스로 먹이를 잡을 수 있을 때까지 먹이를 물어다 준다."

"비록 그것이 인류의 남녀가 다른 피조물들보다 더 오래 결합해야 하는 유일한 이유는 아니어도 나는 그 점에 있어 주요한 이유가 있다고 생각한다. 그 이유는 여성은 임신을 할 수 있고 보통의 경우 임신을 하여 다시 아이를 낳는데, 그때는 큰아이가 부모의 도움 없이 지낼 수 있고 스스로 필요한 것을 구할 수 있기 훨씬 이전이기 때문이다. 그런 식으로 아버지는 자신이 낳은 아이들을 돌보아야 하고 그 보살핌은 오래 지속되어야 하기 때문에 아이를 낳은 그 여성과 부부로 결합하여 계속해서 살아야 하고 다른 피조물들보다 훨씬 더 오랫동안 그 결합 속에 있어야만 한다. 다른 피조물들은 새로운 출산기가 오기 전에 새끼들이 스스로 먹이를 구할 수 있게 되면 수컷과 암컷의 관계는 그대로 끊어지고 짝짓기 계절이 되어 새로운 상대를 골라 결합할 때까지 완전히 자유로운 상태에 놓이게 된다. 그런 이유에서 지금, 인간에게 현재와 미래를 준비하는 데 적합한 자질을 부여하여 인간의 결합이 여러 피조물의 암컷과 수컷의 결합보다 훨씬 더 오래 가도록 만든 창조자의 지혜를 예찬하지 않을 수 없다. 또한 그렇게 하여 남자와 여자의 재치가 더욱 자극되고, 자녀들에게 필요한 것을 마련하여 재산을 남겨 주려는 목적에서 그들의 관심이 한데 합쳐지도록 하기 위함이었다. 아이들에게는 불확실하고 불분명한 결합이나 부부 관계의 쉽고 빈번한 해체만큼 해로운 것은 더 이상 있을 수 없기 때문이다."

나는 진리에 대한 사랑으로 이에 대한 반박을 성심껏 했고, 그것에 자극을 받아 반박을 해결하기 위해서가 아니라 최소한 반박을 해명하기 위해 몇 가지 고찰을 덧붙인다.

1. 나는 우선 도덕적 증명은 물리적인 것과 관련하여 큰 영향력이 없고, 사실들의 실제 존재를 확증하는 것보다 존재하는 사실들의 동기를 설명하는 데 더 이용된다는 것을 지적하는 바이다. 그런데 내가 인용한 구절에서 로크 씨[69]가 사용한 증명이 그런 유형이다. 왜냐하면 남녀가 지속적으로 결합하는 것이 인류에게는 유리할 수 있어도 그것이 자연에 의해 자리 잡은 것이 아니기 때문이다. 그렇지 않으면 문명사회와 기술, 상업, 인간에게 유익하다고 말하는 모든 것을 자연이 만들어 냈다고 말해야 할 것이다.

2. 나는, 육식동물들 사이에서 수컷과 암컷의 결합이 초식동물들 사이에서보다 더 오래 지속되고 새끼를 키우는데, 둘이 서로 돕는다는 사실을 로크 씨가 어디서 발견했는지 모르겠다. 왜냐하면 개, 고양이, 곰, 늑대가 말, 숫양, 황소, 사슴, 그 밖에 다른 모든 네발 달린 짐승들보다 암컷을 더 잘 식별하는지 알 수 없기 때문이다. 그와 반대로 새끼들을 보호하기 위해 수컷

69 루소는 저자 주에서 로크에 대해 '로크 씨'라는 호칭을 간혹 사용하고 있다. '~씨'라는 표현은 프랑스에서 일반적으로는 존칭으로 사용되지만 경우에 따라서는 조롱조의 어조를 지니기도 한다.

의 도움이 암컷에게 필요하다면 그것은 특히 초식 종들에게서 그러할 것이다. 왜냐하면 어미가 풀을 뜯는 데 상당히 오랜 시간이 필요하고, 그사이에 새끼에게 소홀해질 수밖에 없기 때문이다. 반면에 곰이나 늑대의 암컷은 먹이를 순식간에 집어삼키고, 어미는 배고픔을 참지 않은 채 새끼에게 젖을 먹일 더 많은 시간이 있는 것이다. 이 추론은 육식 종과 열매를 먹고 사는 동물을 구별하는 젖과 새끼들의 상대적인 수에 관한 관찰을 통해 확인되었다(주 ❽). 만약 이 관찰이 정확하고 일반적이라면 여성은 유방이 두 개뿐이고 자식을 한 번에 하나밖에 낳지 않는 까닭에, 인류가 본래 육식동물이라는 것을 의심하기 위한 상당한 이유가 된다. 따라서 로크가 내린 결론을 얻으려면 그의 추론을 완전히 뒤집어야 할 것이다. 조류에게 적용된 동일한 구분에도 확고한 것은 없다. 왜냐하면 암수의 결합이 멧비둘기들보다 독수리와 까마귀에게서 더 오래 지속된다는 것을 믿을 수 있겠는가? 우리는 집오리와 비둘기같이 집에서 기르는 두 종류의 조류를 아는데 이는 저자의 학설과는 완전히 다른 사례를 보여 준다. 곡식만 먹는 비둘기는 암컷과 살면서 새끼들을 함께 키운다. 탐식하는 것으로 알려진 집오리는 자신의 암컷과 새끼들도 알아보지 못하여 이들이 살아가는 데 아무런 도움도 주지 못한다. 상당한 육식 종인 암탉들 사이에서 수

닭이 병아리들을 보살피는 모습은 보이지 않는다. 만약 다른 종들에서 수컷이 암컷과 새끼를 돌보는 일을 함께한다면 그 이유는 처음부터는 날 수 없고 어미가 젖을 먹일 수 없는 조류가, 적어도 상당한 시간 동안에는 어미의 젖만으로 충분히 살아가는 네발짐승들보다 수컷의 도움 없이는 더 잘 살아갈 수 없기 때문이다.

3. 로크 씨의 모든 추론의 기반이 되는 주요 사실들에는 불확실한 것들이 상당히 많다. 왜냐하면 그의 주장대로 순수한 자연 상태에서 보통의 경우 여자가 다시 임신을 하고 먼저 낳은 아이가 스스로 필요한 것을 구할 수 있기 훨씬 전에 다시 아이를 낳는지 알려면 실험이 필요한데 로크는 틀림없이 그런 실험을 하지 않았고 누구에게도 그런 능력이 없기 때문이다. 남편과 아내의 지속적인 동거는 새로운 임신을 할 수 있는 대단히 빈번한 기회인 까닭에 순수한 자연 상태에서 우연한 만남이나 관능적인 욕구의 분출이 부부의 결합 상태 이상으로 빈번한 결과를 만들어 냈다고 생각하기는 상당히 어렵다. 더디다는 것은 아마도 아이를 더 건강하게 만드는 데 기여할 것이며, 젊었을 때 임신 능력을 덜 남용한 여성들에게 더 나이가 들어서까지 연장되는 그 능력으로 보상을 받을 수도 있을 것이다. 아이들에 관해서는 힘과 기관이 내가 말하는 원시 상태에서보다 우

리에게서 더 늦게 발달한다고 믿을 만한 충분한 이유가 있다. 아이들이 부모 세대들의 체질에서 물려받은 태생적인 허약함, 팔과 다리를 감싸서 움직이지 못할 정도로 만든다고 하는 보살핌, 성장 과정의 나약함, 아마도 모유가 아닌 다른 우유의 사용 등, 이 모든 것들은 아이들에게서 자연 속에서의 최초의 발달을 막거나 늦게 만들 것이다. 체력을 단련하는 대신 수많은 일에 줄곧 정신을 쏟게 만드는 열의는 아이들의 성장을 상당히 어지럽게 만들 수 있다. 따라서 아이들의 정신을 오만 가지 것으로 부담을 주고 피곤하게 만드는 대신 자연이 그들에게 요구하는 듯싶은 지속적인 운동으로 신체를 단련하도록 내버려 둔다면 아이들은 훨씬 더 일찍 걷고 움직일 수 있으며 그들 스스로 필요한 것을 구할 수 있을 것이라고 생각된다.

4. 결국 로크 씨가 입증한 것은 기껏해야, 남자에게는 아내가 아이를 두고 있을 때 그녀에게 애착을 가진 채 머무르려는 동기가 생길 수 있다는 것이다. 하지만 그는 출산 전과 임신 9개월 동안 남편이 아내 곁에 붙어 있어야 했던 것은 조금도 입증하지 못한다. 만약 그 여자가 그 9개월 동안 남자에게 무관심하거나 모르는 사람이 되기까지 한다면 왜 남자가 출산 이후에도 여자를 도울 것이며, 왜 자기 아이라는 것을 모르고 출생을 결정도 예상도 하지 않은 아이를 기르는 데 도움을 줄 것인가?

로크 씨는 분명 문제가 되고 있는 것을 가정하고 있다. 왜냐하면 왜 남자가 출산 이후에도 여자에게 애착을 가지고 머물러 있을지 아는 것은 중요하지 않으며 왜 그가 임신 이후에 그녀에게 애착을 갖게 될 것인지가 중요하기 때문이다. 욕망이 충족되면 남자는 그 여자를 더 이상 필요로 하지 않으며 여자도 그 남자를 필요로 하지 않는다. 남자는 자신이 한 행동의 결과에 대해 아무런 관심도 없고 생각조차 없을지 모른다. 한 사람은 이쪽으로, 다른 한 사람은 저쪽으로 가 버리고 나면 9개월 뒤에는 서로 알았던 기억조차 없을 것 같다. 왜냐하면 생식 행위를 위해 어떤 사람이 다른 사람을 더 선호하는 그런 식의 기억은, 내가 본문에서 입증했듯이, 여기서 문제 삼는 동물 상태에서 가정할 수 있는 것 이상으로 인간 오성悟性의 진보나 타락을 요구하기 때문이다. 따라서 또 다른 여자도 남자가 이미 알고 있던 여자와 마찬가지로 그 남자의 새로운 욕망을 쉽게 만족시킬 수 있으며, 그것은 이성적으로는 의심스러운 일이지만 임신 상태에서 마찬가지로 욕망에 몸이 달아 있다고 여겨지는 여자를 또 다른 남자도 마찬가지로 만족시킬 수 있다. 만약 자연 상태에서 여성이 아이를 임신한 뒤에 사랑의 열정을 더 이상 느끼지 않는다면 남자와 결합하는 데 있어 장애물은 훨씬 더 커지게 된다. 왜냐하면 여성은 자신을 임신시킨 남자도, 다

른 어떤 남자도 필요로 하지 않기 때문이다. 따라서 남자에게
는 같은 여자를 찾아야 할 어떤 이유도 없는 것이며, 여자에게
도 같은 남자를 찾아야 할 어떤 이유도 없는 것이다. 그래서 로
크의 추론은 쓸모가 없어지고, 이 철학자의 모든 논리는 홉스
와 다른 철학자들이 범한 오류로부터 자신을 지키지 못하게 되
는 것이다. 그들은 자연 상태의 사실을 설명해야만 한다. 즉 사
람들이 고립되어 살았고, 그 사람이 다른 사람들 곁에 머물러
있어야 할 어떤 동기도 없고, 그 사람이 어느 사람 곁에 머물러
있어야 할 이유가 종종 있는 상태에 대해서, 더 나쁜 것은 어쩌
면 사람들이 서로 함께 있어야 할 이유가 없는 상태에 대해서
말이다. 또한 그들은 오랜 시간 동안 이어진 사회 이전으로, 즉
사람들이 어떤 사람이나 어떤 여자 곁에 머물러 있어야 하는
이유가 항상 있었던 그런 시대 이전으로 가 볼 생각은 없었다.

⓭　나는 언어 제정의 이점과 단점에 관해 행할 수 있는 철학적 성
찰에까지 손을 대지는 않을 것이다. 통속적인 오류를 공격하는 것
은 나의 일이 아닌 것이다. 유식한 사람들은 자신의 편견을 지나치
게 옹호한 나머지 소위 나의 역설을 참을성 있게 들어 줄 수 없다.
그러니 대다수의 의견에 반하는 이유를 감히 지지해도 전혀 비난받
지 않았던 사람들의 확신을 들어 보기로 하자.

"만약 사람들이 언어에서 해로운 것과 불분명한 것을 제거하여 기호와 동작, 몸짓으로 모든 것을 나타낼 수 있는 한결같고 단일한 기술에 익숙해지려고 애쓴다면 인류는 더없는 행복을 누릴 수 있을 것이다. 하지만 지금으로서는 흔히 원시적이라고 일컫는 동물이 그런 동작을 하는 것에 있어서 인간보다 더 나은 듯싶다. 동물들은 그런 동작을 하는 데 있어 다른 표현 수단이 없이도 인간보다, 더구나 외국어를 사용하는 인간보다 자신의 감정과 생각을 더 빠르고 더 정확하게 전하지 않던가?" ― 아이작 보시우스Isaac Vossius, 『가요와 음률의 특성에 대해De poematum cantu et viribus rhythmi』, 66쪽.

❿ 불연속의 양과 그 관계들에 대한 관념이 가장 낮은 수준의 기술에서도 어떻게 필요한지를 보여 준 플라톤은, 마치 아가멤논이 그때까지 자기 다리가 몇 개인지 모를 수 있었던 것처럼, 팔라메데스가 트로이 공성전 때 수를 발명했다고 주장한 동시대의 저자들을 당연한 듯이 비웃고 있지 않은가? 실상 사람들이 수를 사용하지 못하고 계산법을 몰랐다면 사회와 기술은 그들이 이미 트로이 공성전을 벌였을 때의 수준에 다다르지 못했을 것으로 생각된다. 하지만 다른 지식들을 얻기 이전에 수를 알아야 하는 필요성이 있다고 해서 그것의 발명을 더 쉽게 생각해 내도록 만들지는 않는다. 일단 수의 명칭을 알고 나면 그 의미를 설명하고 그 명칭이 나타내는 관념을 유발하는 것은 쉽다. 하지만 명칭들을 고안해 내려면 그 동일한 관념을 떠올리기 이전에, 말하자면 철학적 성찰에 익숙해져야 하고,

존재들을 그것의 유일한 본질에 의해 다른 모든 지각과는 독립적으로 검토하는 훈련을 해야 한다. 그 일은 대단히 힘들고 대단히 형이상학적이며, 대단히 자연스럽지 않은 추상화인데, 그렇지만 그것을 하지 않으면 그 관념들은 하나의 종으로 혹은 하나의 속에서 다른 속으로 결코 옮겨 갈 수 없었고, 수 역시 결코 보편적인 것이 될 수 없었다. 미개인은 자기 다리가 두개라는 사실을 결코 생각하지 못하면서 자신의 오른쪽 다리와 왼쪽 다리를 따로 생각할 수 있었거나 한 쌍이라는 불가분의 관념을 지닌 채 그것을 바라볼 수 있었을 따름이다. 왜냐하면 우리에게 대상을 묘사해 주는 표상적인 관념과 대상을 결정하는 수적인 관념은 서로 다른 것이기 때문이다. 하물며 미개인은 다섯까지도 셀 수 없었고 두 손을 서로 마주침으로써 손가락이 서로 정확하게 대칭을 이룬다는 것을 알았어도 그 개수가 같다는 것은 전혀 생각하지 못했다. 미개인은 자신의 머리카락 수는 물론 손가락 개수도 셀 줄 몰랐기에 만약 수가 무엇인지 그에게 이해시킨 다음에 누군가가 그에게 손가락과 발가락 개수가 같다고 말해 주었다면 그는 그것을 비교해 보고 그 말이 사실인 것을 알고서 상당히 놀랐을 것이다.

❶❺ 이기심과 자기애를 혼동해서는 안 된다. 두 개의 정념은 성격이나 결과에서 아주 다르니 말이다. 자기애는 모든 동물로 하여금 자신의 보존에 신경을 쓰고 인간에게는 이성에 이끌리고 동정심으로 변화되어 인간애와 미덕을 생기게 하는 자연적인 감정이다. 이기심은 상대적이고 인위적인 감정에 불과하고 사회 속에서 생겼다.

이 감정은 각 개인으로 하여금 다른 모든 사람보다 자신을 더 중요시하게 만들고, 사람들이 서로에게 행하는 모든 악을 부추기며 명예의 진정한 원천이다.

그것을 이해했다면 나는 원시 상태이자 진정한 자연 상태에서는 이기심이 존재하지 않았다고 말하겠다. 왜냐하면 개인으로서 저마다의 인간은 자신을 관찰하는 유일한 목격자로, 세상에서 자신에게 관심을 두는 유일한 존재로, 자기 자신의 장점의 유일한 판단자로 자기 자신을 생각하는 까닭에 행할 능력이 없는 비교에서 비롯된 감정이 자기 마음속에 싹틀 수는 없기 때문이다. 그 인간은 같은 이유로 어떤 모욕을 당했다는 생각에서만 생겨날 수 있는 정념들인 증오도 복수욕도 가질 수 없는데, 모욕을 당했다는 것은 멸시 혹은 해를 끼치려는 의도이고 모욕을 이루고 있는 악이 아닌 까닭에 서로를 평가하고 비교할 줄 모르는 사람들은 그것이 그들에게 이익으로 돌아올 때는 서로에게 결코 모욕을 주지 않은 채 서로에게 엄청난 폭력을 휘두른다. 한마디로 저마다의 인간은 자기 동류들을 그저 다른 종의 동물들을 보는 것처럼 바라볼 뿐이기 때문에 약자에게서 먹잇감을 강탈하거나 강자에게 자기 것을 양보할 수 있지만, 그 약탈을 자연스러운 일로만 생각하고 아주 사소한 오만이나 경멸도 드러내지 않으며 성공이냐 실패냐에 따른 고통 혹은 기쁨 말고는 다른 정념은 품지 않는다.

⓰ 상당히 주목할 만한 사실 하나는 수년 전부터 유럽인들이 여러 지방의 미개인들을 그들의 생활 방식으로 끌어들이려고 온갖 애를

썼지만 아직 한 건도 성공할 수 없었고 기독교의 힘으로도 마찬가지였다는 것이다. 왜냐하면 선교사들은 그들을 종종 기독교도로 만들지만 결코 문명인으로는 만들지 못하기 때문이다. 그들이 우리 풍속을 받아들여 우리 방식대로 사는 것에 대해 주체할 수 없는 혐오감을 보이는 것은 무엇으로도 극복될 수 없다. 그 불쌍한 미개인들이 사람들이 주장하는 정도로 불행하다면, 그들은 어떤 이해할 수 없는 판단력의 오류가 있어 우리를 모방하여 문명화하거나 우리와 함께 행복하게 사는 법을 배우는 것을 줄곧 거부하는 것일까? 반면에 우리가 읽은 여러 이야기에서는, 프랑스 사람들과 다른 유럽인들이 그 민족들 사이에 자발적으로 피난하여 남은 삶 전체를 그곳에서 보냈고 그토록 기이한 삶의 방식을 버릴 수 없었다고 한다. 또한 양식 있는 선교사들도 그들이 그토록 멸시하는 민족들과 함께 보냈던 평온하고 순수했던 시절에 연민을 품고 그리워한다고 하지 않던가? 만약 그들은 우리의 상태와 그 민족들의 상태를 제대로 판단할 정도의 지식이 충분히 없었다는 대답을 듣게 된다면, 나는 행복에 대한 평가는 감정의 문제이지 이성의 문제는 아니라고 응수할 것이다. 더구나 우리는 그 대답을 훨씬 더 강하게 반박할 수 있다. 왜냐하면 미개인들이 그들의 생활 방식에서 발견하는 취향을 해석하기 위해 필요할 정신 상태와 우리의 관념 사이의 거리는 우리의 생활 방식을 그들에게 이해시킬 수 있는 관념과 미개인들의 관념 사이의 거리보다 훨씬 더 멀기 때문이다. 실상 몇 가지 관찰을 해 보면 그들은 우리가 하는 모든 일은 단 두 가지 목적, 즉 자신을 위한 안락한 삶과 타인들 사이에서의 존경으로 향하고 있다는 것을 쉽게 안다. 반면에 우리는, 미개인이 숲에서 혹은 낚시를 하면서 홀로 생활하거나 하나의 음도 전혀 내지 못하고 그것을 배우려고도 하지 않은 채 서투르게 피리를 불면서 느끼는 일종의 즐거움에 대해 상상할 방법이 있을까?

미개인들을 파리와 런던, 그 밖의 다른 도시에 여러 차례 데려온 적이 있다. 그들에게 서둘러서 사치스러운 것과 부, 가장 유용하고 가장 진기한 모든 기술을 눈앞에 보여 주었다. 이 모든 것들은 그들에게 어리둥절한 감탄만을 불러일으켰고 약간의 선망의 감정도 생기지 않았다. 나는 특히 사람들이 30년 전에 영국의 궁정에 데려온 북아메리카인들의 추장 이야기가 떠오른다. 사람들이 그의 눈앞에 수많은 것들을 보여 주고 마음에 드는 선물을 찾게 했는데 그가 관심을 두는 듯싶은 것은 아무것도 없었다. 우리가 가지고 있는 무기는 그에게 무겁고 불편해 보였으며 신발은 발에 상처를 냈고 옷은 거북스러워, 그는 모든 것들을 거절했다. 마지막으로 그가 양털 담요를 들고 어깨에 두르더니 기뻐하는 듯싶은 모습을 알게 되었다. 곧 그에게 이렇게 말했다. "이 물건은 쓸모가 있지요?" 그가 대답했다. "그렇소. 내가 보기에 짐승 가죽만큼 좋아 보입니다." 만약 그가 비가 올 때 그것을 번갈아 걸쳐 보았다면 그런 말은 전혀 못 했을 것이다.

아마도 사람들은 내게 이런 말을 할지 모르겠다. 저마다 자신의 생활 방식에 묶어 두는 습관 때문에 미개인들이 우리의 생활 방식 가

운데 좋은 것을 알지 못한다고 말이다. 그런 기준으로 보자면 습관
이라는 것은 유럽인들을 행복의 기쁨 속에 붙잡아 두는 것보다 미개
인들을 비참함에 대한 애착에 빠지도록 하는 것에 훨씬 더 힘을 발휘
한다는 것인데 참으로 이상한 일인 듯싶다. 하지만 그 마지막 반박
에 대해 한마디도 응수하지 못할 대답을 하기 위해, 문명화시키려 했
지만 소용없었던 모든 나이 어린 미개인들을 끌어들이지는 않을 것
이며, 덴마크에서 기르고 성장하게 만들려고 했지만 슬픔과 절망으
로 모두 죽었거나 쇠약해지고 헤엄쳐서 자기 나라로 돌아가려 했다
가 바다에서 죽은 그린란드인이나 아이슬란드인들에 대해서도 말하
지 않을 것이다. 나는 잘 확인된 단 하나의 사례만 인용하는 것에 만
족할 것이며 유럽의 통치를 숭배하는 사람들에게 검토를 맡긴다.

"희망봉의 네덜란드 선교사들의 갖은 노력으로도 단 한 명의 호텐
토트족도 개종시키지 못했다. 희망봉의 총독 판데르 스텔은 호텐토
트족 한 명을 어렸을 때 데려와 기독교의 규범과 유럽의 관습에 따라
키웠다. 아이에게 부자처럼 옷을 입히고 여러 언어를 가르쳤는데, 교
육에 쏟은 정성에 부응하여 많은 발전이 있었다. 총독은 아이의 재능
에 많은 기대를 걸고 판무관 한 사람과 함께 아이를 인도로 보냈다.
판무관은 아이를 동인도 회사에 고용하여 유용하게 일을 시켰다. 그
는 판무관이 죽은 다음에 희망봉으로 돌아왔다. 그는 돌아온 지 며칠
되지 않아 호텐토트족 친척들이 찾아오자 화려한 유럽식 옷차림을
벗어 버리고 양가죽 옷을 다시 입을 결심을 했다. 그는 옛날 옷들이

들어 있는 보따리를 짊어지고 그 새로운 옷차림을 한 채 요새로 돌아왔는데, 총독에게 그것을 내놓으며 이런 말을 늘어놓았다. '총독님, 제가 이런 옷차림을 영원히 저버리는 것에 대해 부디 마음 쓰지 마십시오. 저는 기독교를 평생 동안 내려놓습니다. 저는 우리 조상들의 종교와 품행, 풍습으로 살다가 죽을 결심을 했습니다. 제가 당신께 청하는 유일한 호의는 제가 걸치고 있는 목걸이와 단검을 내버려 두어 달라는 것입니다. 저는 그것들을 당신에 대한 사랑의 표시로 간직할 것입니다.' 그는 판데르 스텔의 대답을 듣지도 않은 채 곧장 달아났는데 다시는 그를 희망봉에서 볼 수 없게 되었다."

—『여행기』, 5권, 175쪽

❶ 나는, 인간들이 이런 무질서 속에서 끈질기게 서로의 목을 조르는 대신 흩어지는 것에 한계가 전혀 없었다면 완전히 흩어져 버렸을 것이라는 반박을 들을 수 있을 것이다. 하지만 처음에 그 경계는 적어도 세계의 경계였을 것이고, 만약 자연 상태에서 비롯된 엄청난 인구에 대해 생각해 보면, 이 상태에 있는 지구는 그렇게 함께 모여 있을 수밖에 없는 인간들로 곧 뒤덮였을 것이 분명하다. 더구나 병이 빠르게 퍼지고 조석으로 변화가 나타난다면 그들은 흩어져 버렸을 것이다. 하지만 그들은 속박 속에서 태어났고 그 무게를 느끼면서도 그것을 짊어지는 습관이 들어 있어서 그것에서 해방될 기회를 기다리는 것에 만족했다. 마침내 그들은 자신들을 함께 모여 있도록 만든 더없는 안락함에 익숙해져서, 분산이라는 것이, 자기

자신 말고는 누구도 필요로 하지 않아서 저마다는 다른 사람의 동의를 기다리지 않고 마음을 정했던, 인류사의 초창기보다 그리 쉽지 않았다.

⓲　빌라르 원수는 여러 차례 원정을 하는 중에 한 번은 군납업자가 지나칠 정도로 사기 행각을 벌여 병사들이 힘들어하고 불만이 있자 그자를 단호하게 꾸짖고 목을 매달겠다고 위협했다는 이야기를 들려주었다. 교활한 업자가 대담하게 대답했다. "나는 그런 위협은 신경 쓰지 않습니다. 당신께 어렵지 않게 말씀드리지만 10만 에퀴를 가지고 있는 사람을 누가 건드릴 수 있겠습니까." 원수는 순진하게 말을 이어 갔다. "그게 가능한 일인지 모르겠군." 비록 그는 백번은 교수형에 처해질 만했지만, 실제 그런 일은 전혀 일어나지 않았다.

⓳　분배 정의는 자연 상태의 엄격한 평등과는 심지어 대립할 것이다. 그것이 문명사회에서는 실현 가능할지라도 말이다. 국가의 모든 구성원은 국가에 저마다의 재능과 능력에 맞게 봉사해야 하기 때문에 시민들 역시 그들의 봉사에 비례하여 구별되고 달리 대접받아야 한다. 바로 그런 의미에서 이소크라테스의 문구를 이해해야 하는데, 그는 초기 아테네인들이 두 종류의 평등, 즉 모든 시민에게 일률적으로 같은 이익을 분배하는 평등과 저마다의 재능에 따라 그것을 나누어 주는 평등 중에서 무엇이 가장 이익이 되는지 잘 구분할 수 있었다고 칭찬한다. 웅변가는 덧붙여 말하기를, 능력 있는 정치가들은 악인들과 선한 사람들을 전혀 구분하지 않는 그런 불공정

한 평등을 버리고 저마다를 그의 능력에 따라 보상하고 벌하는 평등에 분명하게 몰두했다. 하지만 우선 그것이 어느 정도의 부패에 이르게 되면 악인들과 선한 사람들을 구분하지 않는 사회는 결코 없었다. 또한 법이 정확한 척도를 가늠할 수 없어 행정관들이 규칙으로 이용할 수 없는 풍속의 문제에 있어서는, 대단히 현명하게도 그들이 시민들의 운명과 지위를 자기 재량대로 할 수 없도록 법은 그들에게 인격에 대한 판결을 금지하고 행위에 대한 판결만을 허용했다. 감찰관을 감당할 수 있었던 고대 로마의 풍속만큼 순수한 풍속은 없었는데, 그 같은 법정이라면 우리에게 있는 모든 것을 완전히 바꾸어 놓았을 것이다. 악인들과 선한 사람들 사이의 구분은 공중의 평가로 이루어져야 한다. 행정관은 그저 엄정한 법의 판단자이다. 하지만 인민은 풍속의 진정한 심판자이다. 그 점에서 관에 공정하고 양식이 있기까지 한 이 심판자는 종종 속을 때도 있지만 결코 매수당하지는 않는다. 따라서 시민들의 지위는 개인의 자질로 결정되어서는 안 되며, 그렇게 되면 법을 거의 자의적으로 적용하는 수단을 행정관에게 일임하게 될 것이고, 그들이 국가에 기여하고 더 정확한 평가가 가능한 실제적인 봉사에 기초해야 할 것이다.

옮긴이 후기

　『인간 불평등 기원론』은 제네바 출신의 프랑스 철학자 장 자크 루소의 철학적 에세이로, 디종 아카데미가 제기한 질문인, '인간들 사이 불평등의 기원은 무엇이고, 자연법은 불평등을 허용하는가?'라는 논제에 대한 대답이다. 그는 이 에세이를 1753년에 발표하였고 제네바 공화국에 대한 헌정문을 덧붙여 1755년 암스테르담에서 출간하였다. 루소는 『사회 계약론*Du contrat Social*』(1762)과 더불어 그의 사상의 중심인 이 글에서 자연 상태에서의 인간의 완전성에 대해 이야기하고 불평등의 원인을 사유 재산으로 진단한다. 루소는 자서전인 『고백*Les confessions*』(1782-1789)을 통해 『인간 불평등 기원론*Discours sur l'origine et les fondements de l'inégalité parmi les hommes*』(1755)의 구상부터 집필에 이르는 과정을 비교적 상세하게 밝히고 있다.

　"머지않아 가장 중요한 어떤 작품에서 나는 그 원칙을 완전히 발전시킬 기회를 가졌다. 내 생각으로 1753년 그해에 디종 아카데미에서 '인간 불평등의 기원'이라는 주제 발표가 있었기 때문이다. 이 큰 문제에 감명을 받은 나는 아카데미가 대담하게 그런 문제를 제안했다는 사실에 놀라움을 금치 못했다. 더구나 아카데미가 그런 용기를 보여 주었으니 나도 그런 문제를 다루고 시도할 용기를 낼 수 있었다.

나는 그런 큰 문제를 편안하게 심사숙고하기 위해 테레즈와 함께 생제르맹으로 7, 8일 동안 여행을 떠났다. 그 밖에 사람 좋은 우리 집 안주인과 그녀의 여자 친구들 중 한 사람도 동행했다. 나는 지금도 이 여행을 내가 살아오면서 해 본 가장 즐거운 산책 중 하나로 생각한다. 날씨는 무척 좋았다. 그 무던한 여자들이 살림과 지출을 맡았다. 테레즈는 그녀들과 함께 즐거운 시간을 보냈다. 아무런 근심이 없던 나는 거리낌 없이 마음껏 식사 시간을 즐겼다. 다른 시간 동안에는 숲속에 처박혀 원시 시대의 이미지를 찾고 발견하고 그 시간의 역사를 담대하게 따라갔다. 나는 인간의 못된 거짓들을 물리쳐 버렸다. 나는 그들의 본성을 감히 적나라하게 드러냈고 그 본성을 왜곡시킨 시대와 사물의 진보를 따라가 보았으며 인위적 인간과 자연적 인간을 비교함으로써 이른바 인간의 완성 속에 그 불행의 진정한 원천이 있음을 그들에게 보여 주려 했다. 이와 같은 숭고한 관조에 고양된 내 영혼은 신성 가까이까지 이르렀으며 내 동포들이 자신의 편견, 잘못, 불행, 죄악의 막다른 길로 가는 것을 보았다. 그리하여 나는 그들이 알아들을 수 없을 만큼 가는 목소리로 외쳤다. '자연에 끊임없이 불만을 늘어놓는 어리석은 자들이여, 당신들의 모든 악은 당신들 자신에게서 비롯된 것임을 아시오.'

이러한 성찰을 통해 『인간 불평등 기원론』이 나왔다. 디드로는 이 작품을 나의 어떤 작품들보다 좋아했으며, 내가 이 작품을 쓰는 데 그의 조언이 가장 유용했다. 하지만 전 유럽에서 이 작품을 이해하는 독자들은 거의 없었고 그들 중 어느 누구도 작품에 대해 말하려 하지 않았다. 이 작품은 수상을 위한 경쟁 목적으로 저술된 것인데, 그래서 나는 글을 보냈지만 상을 받게 되리라고는 애초에 기대하지 않았다. 왜냐하면 아카데미상이 이런 내용의 작품들을 위해 만들어진 것이 아님을 잘 알고 있었기 때문이다."[70]

　　루소는 『인간 불평등 기원론』을 구상하면서 원시 시대의 이미지를 찾아 숲속을 거닐었다. 인간이 문명의 발전과 사물의 진보에 따라 본성이 왜곡되고 불행에 빠져들기 이전에 살았던 자연 상태의 이미지를 발견하기 위해 생제르맹에서 일주일을 보낸 것이다. 그는 "인간의 완성 속에 그 불행의 진정한 원천이 있음을 그들에게 보여주려" 했지만 자신의 생각이 디종 아카데미는 물론 독자들에게도 받아들여지지 않을 것임을 알고 있었다. 루소는 1750년에 같은 아카데미에 『학문 예술론』을 제출하여 일등상을 수상했지만, 이번에는 비판의 대상이 된 것이다.

　　1부에서 루소는 원시사회의 삶의 조건과 미개인들의 본성을 탐구하는 데 집중한다. 그가 찾아낸 자연 상태의 인간이 지니고 있는 장

70　장 자크 루소, 『고백』, 2부, 박아르마 옮김, 책세상, 2015, 161~162쪽.

점은 질병에 대한 자연 치유 능력과 의복이나 주거가 불필요하다는 것, 먹이를 구하거나 방어하는 데 필요한 뛰어난 청각과 시각을 지녔다는 것 등이다. 그는 모든 동물을 정교한 기계로 보면서도 동물은 자연의 압력을 그대로 수용하는 반면에 인간은 자연의 압력을 선택적으로 수용한다는 차이점을 지적한다. 특히 인간에게는 이기심을 누그러뜨리고 타인의 고통을 참지 못하는 연민이라는 감정이 있음을 강조한다.

> "연민은 일체의 반성反省의 관례에 선행하는 것인 까닭에, 인간에게 더 보편적이고 더 유익한 미덕이며, 너무나 자연스러운 것이어서 동물들에게서조차 종종 눈에 띄게 나타난다."[71]

연민이 인간에게 더 두드러지게 나타나는 감정이지만 동물에게도 찾아볼 수 있는 것이라면 '개선 가능성perfectibilité'은 인간에게만 있는 능력이다. 즉 인간에게는 자신의 타고난 특성을 바꾸고 개선할 수 있는 능력이 있지만, 동물에게는 그런 능력이 없다는 것이다. 루소가 결론적으로 내세운 원시 상태의 인간에 대한 가설은 무언가를 소유할 필요도 없었고 다툼의 이유도 없었으며, 감정과 지식을 필요 이상으로 발전시키지도 않았다는 것이다.

71 이 책 76쪽 참조.

"이런 결론을 내릴 수 있을 것이다. 즉 미개인들은 일을 하지 않고 집도 없으며, 싸움도 교류도 없었고, 동료를 해칠 욕구가 없는 것처럼 그를 전혀 필요로 하지도 않고 결코 누구도 개인적으로 만나지 않은 채 숲속을 돌아다녔을 것이다. 미개인들은 별로 정념에 지배되는 법 없이 자족했던 까닭에 그런 상태에 걸맞은 감정과 지식만을 가지고 있었다. 또한 그는 자기가 정말 필요한 것만을 느꼈고 자기가 보고 싶다고 생각하는 것만을 보았다. 그의 지능은 그의 허영심만큼이나 발달하지 못했다."[72]

자연 상태의 인간에 대한 탐구를 마친 루소가 다음으로 관심을 둔 문제는 '무엇이 종을 손상시키고 인간 이성을 개선했으며 인간에게 사회를 이루게 하여 악하게 만들었는가?'라는 질문이다. 루소는 이러한 문제에 대한 답을 2부에서 찾는다. 우선 인간은 조상들에게 없었던 편리함의 욕구를 알게 되었고 그것이 오히려 그들에게 속박이 되었으며 후손들에게는 불행의 기원으로 작용했다는 것이다. 특히 인간은 타인과 자신을 비교하고 그것을 통해 자신의 우월성을 과시하고 인정받고자 하는 욕구가 싹텄는데, 루소는 여기서부터 불평등으로 가는 첫걸음이 시작되었다고 생각한다.

"저마다 타인을 바라보고 자신도 주목받기를 바라기 시작했고 공

---

72 이 책 84쪽 참조.

적인 평판이 하나의 가치가 되었다. 가장 노래를 잘 부르는 사람, 가장 춤을 잘 추는 사람, 가장 잘생기고 가장 힘이 센 사람, 가장 재주가 있고 가장 언변이 좋은 사람이 가장 좋은 평가를 받았는데, 그것이 불평등을 향한 동시에 악덕을 향한 첫걸음이었다. 이 최초의 편애에서 한편으로는 허영심과 멸시가, 또 다른 한편에서는 수치심과 질투심이 태어났다. 이 새로운 근원이 원인이 된 동요가 결국에는 행복과 순수함에 치명적인 화합물로 작용하였다.″[73]

인간이 타인과 자신을 비교하면서 행복이 사라지고 과시욕과 상실감, 시기심 등이 태어났다면 불평등의 원인이자 우리에게 더 큰 불행을 야기한 것은 '소유'이다. 우월성의 욕구와 소유욕이 결합하면서 그것은 노동의 필요성으로 이어졌고, 더 많은 것을 수확하여 소유하고자 하는 욕망의 결과물은 예속과 비참함으로 나타났다. 더 많은 것을 소유하기 위해서는 노동이 개입되어야 하며 수확의 결과물은 사람마다 다르기 때문에 생산물의 사유화는 가속화되고 소유의 차이도 커지게 된다는 것이다. 소유의 차이에서 예속과 비참함이 나타나며 현대적 의미로는 인간 소외가 시작된 것이다. 부자는 법률을 제정하고 소위 사회적 안전망을 구축하여 소유를 공고히 하며 불평등을 제도화할 것이다. 반면에 가난한 자는 노동에서 벗어날 수 없고 끊임없는 예속 상태 속에서 권력은 물론 소유에서도 소

73 이 책 97쪽 참조.

외될 것이다.

> "한마디로 한편에는 경쟁과 대립이, 다른 한편에는 이익의 충돌이
> 있는데, 타인을 희생시켜 자신의 이익을 취하려는 숨겨진 욕망이 항
> 상 있는 셈이다. 이런 일체의 해악은 소유에서 비롯된 최초의 결과이
> 자 막 태어난 불평등과는 불가분의 동반자이다."[74]

루소는 『인간 불평등 기원론』에서 『사회 계약론』의 근간이 되는
만인의 자연법상의 권리와 그것을 보장하기 위한 사회 구성원들의
합의의 결과인 국가 조직의 성립에 대해서는 직접적으로 언급하지
않는다. 다만 그는 "정치체의 수립을 인민과 그들이 선택한 통치자
사이의 계약"으로 간주하며, 양 당사자는 합의의 결과물인 법을 지
켜야 한다고 말하고 있다. 어떻게 하면 불평등에서 벗어날 것인가
라는 물음에 대해서도 직접적인 대답을 내놓지는 않는다. 그는 문
명인에 대한 비판을 통해 그들의 삶에 나타나 있는 모순을 지적하는
것으로 독자들로 하여금 문명인이 처해 있는 불행과 예속 상태를 들
여다보게 함으로써 어떻게 하면 불평등에서 벗어날 수 있을지 판단
하게 한다. 적어도 문명인인 우리가 원시 상태나 자연으로 돌아가
는 것이 불가능하다면 말이다.

---

74 이 책 105쪽 참조.

"반면에 문명인들은 늘 활동적이고 땀을 흘리고 불안해하며 훨씬 더 힘든 일을 찾으려고 끊임없이 근심한다. 그들은 죽을 때까지 일하고, 살려고 하면서도 죽음을 향해 내닫거나 불멸성을 얻으려고 삶을 포기한다. 그들은 자신이 증오하는 귀족들과 경멸하는 부자들에게 환심을 사려 한다. 문명인들은 그들을 섬기는 영광을 얻기 위해서라면 무슨 일이든 서슴지 않는다. 자신들의 천박함과 그들에게서 보호받는 것을 대놓고 자랑하며, 노예 상태를 자랑스럽게 여기고 그런 상태를 나눌 영광을 누리지 못하는 사람들을 경멸한다."[75]

이와 같이 항상 노동에서 벗어나지 못하면서도 또 다른 일거리를 찾아 나서고 경멸하는 부와 권력에 스스로 종속되는 것은 현대인의 일반적인 특성과도 다를 바 없을 것이다. 루소가 지적하듯이 미개인들은 자기 생각대로 살고 삶의 방식을 원하는 대로 정했는데 오히려 문명인들은 자신의 생각대로 살지 못할뿐더러 타인의 생각과 방식에 의존하여 존재할 수 있을 따름이다. 이제 우리는 '순수하고 행복했던 자연 상태를 어떻게 회복할 것인가?'라는 근본적인 질문으로 다시 돌아온다. 또한 '자연으로 돌아가는 것이 과연 가능할까?'라는 회의적인 질문과 만나게 된다. 루소는 『에밀Emile』(1762)에서 대니얼 디포의 『로빈슨 크루소』(1719)에 대해 "나의 에밀이 읽을 첫 번째 책이며, 그의 서가에서 오랫동안 꽂혀 있을 유일한 책"이라는 평

---

75   이 책 131쪽 참조.

가를 내린 바 있다. 주지하다시피 로빈슨 크루소는 문명의 이기利器를 본의 아니게 상실하고 섬이라는 고립된 공간에서 살아가게 된 인물이다. 이 소설 속 인물은 원시 상태의 인간이 지녔던 순수함과 자유로움을 간접적으로 돌이켜 보게 해 주는 역할을 맡고 있지만 문명인이 자연 속에 고립되어 살아가는 것의 불가능함을 말해 주기도 한다. 루소는 자연 상태에서 완전했던 인간에 대한 꿈을 버리지는 않지만 그러한 이상이 문명 세계에서 가능하지 않을 때, 시민들의 합의로 세워진 국가를 유지하는 데 있어서의 법의 중요성을 강조한다. 그는 불평등은 "우리의 능력의 발달과 인간 정신의 발전에 힘입어 성장하여 마침내 소유권과 법의 제정을 통해 견고해지고 합법적이 된다"라는 결론을 내린다. 물론 루소는 정치권력인 국가가 시민들의 합의를 거스르고 더 이상 합법적인 제도로 받아들여지지 않을 때 언제든지 해체될 수 있음을 전제하고 있다.

옮긴이로서 장 자크 루소의 『인간 불평등 기원론』의 번역을 결심하기까지는 많은 고민이 있었다. 무엇보다도 학술적 해석을 덧붙인 여러 번역본이 이미 출간되었기 때문이다. 그럼에도 번역을 시작하여 결과물을 내놓게 된 것은 일반 독자들이 수월하게 읽을 수 있는 현대적인 문장의 고전 출간이 필요하다는 세창출판사의 뜻을 받아들인 결과이다. 문장의 가독성과 이해의 수월성에 중점을 두어 책을 번역했지만, 그 결과에 대한 평가는 온전히 독자에게 맡긴다.

옮긴이 박아르마

인간 불평등 기원론

Discours sur l'origine et les fondements de l'inégalité parmi les hommes